大足石刻大佛湾文物三维扫描及保护应用

吴育华　胡云岗　张玉敏　著

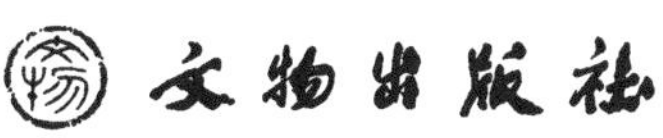

北京·2017

图书在版编目（CIP）数据

大足石刻大佛湾文物三维扫描及保护应用 / 吴育华，胡云岗，张玉敏著．—北京：文物出版社，2017.5

ISBN 978－7－5010－4305－7

Ⅰ．①大…　Ⅱ．①吴…　②胡…　③张…　Ⅲ．①大足石窟－石刻－文物保护－研究　Ⅳ．①K879.274

中国版本图书馆 CIP 数据核字（2015）第 114986 号

大足石刻大佛湾文物三维扫描及保护应用

著　　者：吴育华　胡云岗　张玉敏

责任编辑：窦旭耀
封面设计：吴育华
责任印制：陈　杰

出版发行：文物出版社
社　　址：北京市东直门内北小街 2 号楼
邮　　编：100007
网　　址：http：//www.wenwu.com
邮　　箱：web@wenwu.com
经　　销：新华书店
印　　刷：北京京都六环印刷厂
开　　本：889mm×1194mm　1/16
印　　张：13　　插页：3
版　　次：2017 年 5 月第 1 版
印　　次：2017 年 5 月第 1 次印刷
书　　号：ISBN 978－7－5010－4305－7
定　　价：190.00 元

序

大足石刻是川渝地区唐宋石窟艺术的杰出代表，造像集中国佛教、道教、儒教“三教”造像艺术的精华于一身，具有鲜明的民族化和生活化特色，在中国石窟艺术中独树一帜，1999 年被联合国教科文组织列入《世界遗产名录》。由于历史原因、环境变化及人为活动影响，石刻造像直接暴露于室外，遭受水害、风化等病害威胁，急需进行科学保护。

文物三维空间信息是建立文物本体基础档案应该具备的基础数据。在获取数据的各种技术手段中，激光扫描测量技术既得到广泛应用，也备受争议：一方面，激光扫描测量技术优势明显，除了将以往很难获取的文物空间信息记录下来，还因为数据精度高、安全性高和效率高等特点而被普遍认同；但由于存在数据合成过程中人工干预度高，相关规范欠缺，以及数据利用度不够等问题，也往往被人诟病。建立文物的三维空间信息档案，从长远看是必须的；而采用激光扫描测量技术则是双刃剑，用得好，事半功倍，反之则易造成人财物的浪费。这其中既需要文物保护工作者提升对文物三维空间数据利用的认识深度，也需要数据采集人员（三维激光技术人员）更加切实地了解文物保护工作的具体需求。只有更加明晰实践中的文物保护工作的真实需求，文物三维空间信息的采集技术才会有更大的发展，采集的数据才会真正有用。解决这个问题，需要双方的共同努力，也需要多一些在两个领域穿线搭桥的“通才”。

中国文化遗产研究院作为国家的文化遗产保护科学技术研究机构，开展文化遗产保护技术应用研究并推广先进成果是其主要职责。近年，院内涌现出一批有志青年开展了各种新技术的应用研究，吴育华博士正是其中之一。他的基础专业是测绘，致力于开展测绘信息技术在文物保护中的应用研究已近十年，常年沉浸在文物保护的实践当中，对来自一线的、活生生的文物保护需求有较深的理解。虽然还不是前文提到的“通才”，但是正反两方面的经验教训也积累了不少，可算机遇难得。本书正是他的工作心得。书中介绍了他在大足石刻大佛湾如何以文物特点及保护需求为根本出发点，利用三维激光扫描技术开展数据采集、数据处理直至保护应用所形成的一套较为成熟的工作流程与操作规范。或许，这些成果可以为文物三维空间数据的获取和利用提供重要范例。

我衷心希望吴博士再接再厉，扬长避短，努力发挥好测绘信息领域与文物保护领域之间的“桥梁”作用，为文物的科技保护与修复继续贡献力量。

是为序。

刘曙光

2015 年 5 月

内容摘要

位于重庆大足宝顶山的大佛湾石刻造像群是世界文化遗产大足石刻的重要组成部分，始凿于南宋年间，历时七十余年而成，由号称“第六代祖师传密印”的僧人赵智凤总体构思并组织开凿，集释（佛教）、儒（儒教）、道（道教）“三教”造像于一体，为大足石刻之精华。大佛湾石刻雕凿于一“U”字形山湾的东、南、北三面崖壁之上，崖面长约500米，高约8～25米，通编31号，其中有著名的千手观音、华严三圣、释迦涅槃圣迹图、六道轮回、九龙浴太子、圆觉洞、牧牛图等。全部造像图文并茂，无一龛重复。龛窟间既有教义上的内在联系，又有形式上的相互衔接，形成一个有机的整体。造像不仅在内容和表现手法上都力求生活化，而且在布局、采光、装饰、排水、透视、支撑等方面均十分注重形式美和意境美。

历经沧桑，由于自然与人为因素影响，在室外条件保存下的大佛湾石刻不可避免地存在一定的风险与病害，需要进行科学的保护，目前正在开展数项文物保护工程，如被列为国家文物局一号石质文物保护工程的千手观音保护修复、大佛湾渗水病害治理、大佛湾窟檐保护加固、遗产监测、考古研究等。另一方面，作为世界遗产，理应为人类所共享，需要在坚持保护为主的前提下进行合理利用，如数字展示等。上述工作的开展均需要大佛湾相关图件与数据的支持，然而由于大佛湾石刻造像本身雕凿结构及所处环境的异常复杂性，常规手段难以采集获取其真实的现状信息，从而不能提供所需的基础图件和精准数据。

三维激光扫描技术为实现文物的精细化测绘提供了契机，作为继GPS技术之后测绘与信息领域里程碑式的革新技术，在文化遗产保护中得到广泛应用，如文物信息记录与存档、考古制图、虚拟修复、保护工程设计、数字展示、遗产监测等。它在文物保护中体现出独特优势：（1）安全性高，属于文物非接触式无损测量技术，符合文物保护“最小干预”原则；（2）精密度高，最高精密度均可达几十微米，能实现复杂异型结构文物的精细化数据采集；（3）效率高，每秒可测几千至数百万个点，大大提高了野外的工作效率，特别适合于文物的抢救性保护工程；（4）应用前景宽广，点云的应用可谓仅受想象力的限制，可满足文物保护的多样性需求。然而，目前三维激光扫描技术在文化遗产保护中的应用还是存在不少问题，其主要问题还是在于技术本身优势与文物保护需求的结合性，特别是由于文物自身的复杂多样性及保护需求的差异性，导致目前出现三维激光扫描数据利用率不高、图件不规范、成果不实用等典型问题。

石窟寺及石刻类文物的相关三维激光扫描实践表明，由于石窟造像形态的复杂性及石质材料本身的特点，三维激光扫描技术具有极强的适应性，但是目前在三维数据采集及保护应用模式上均缺乏系统的研究与规范。为此，在国家文物局的重视和支持下，中国文化遗产研究院牵头开展大足石刻三维测绘与数字化试点项目，重点结合大佛湾石刻保护工程相关需求，探索三维激光扫描技术在石窟寺及石刻类文物保护工程应用中的科学模式。本书主要介绍该项目的一些重点成果。

本书共分六章，第一章绪论主要介绍大足石刻等石窟寺及石刻类文物的基本特点、保护概况与文物信息采集需求。第二章系统介绍了三维激光扫描技术的原理、设备与数据处理软件，以及它在文物保护中的应用优势、方向和典型案例。第三章主要介绍大足石刻大佛湾文物外业数据采集工作，主要包括石刻造像特点分析、数据采集方案总体设计、整体一般精度扫描、局部精细化扫描及纹理数据采集等。第四章主要介绍了大足石刻大佛湾文物内业数据处理工作，主要包括数据处理方案设计、点云数据处理、三维建模、纹理贴图、正射影像图及特征部位图制作等。第五章结合大足大佛湾石刻文物保护相关需求，重点介绍了三维激光扫描数据成果的应用，主要包括现状病害调查、保护工程设计、虚拟修复研究、考古研究、数字展示与监测等。第六章主要针对石窟寺及石刻文物三维激光扫描数据的多源性、海量性等特点，介绍了文件与数据库相结合的管理方法与系统实现。

Abstract

The main cluster of carvings at the Dafo Bay of Dazu Baoding Mountain, Chongqing, is an important part of the Dazu Stone Carvings, a World Cultural Heritage Site. It was first made in the Southern Song Dynasty and completed with more than 70 years of effort. The cluster was created under the overall conception and organization of Zhao Zhifeng, a monk purportedly "receiving the seal from the Sixth Patriarch" . As the essential part of Dazu Carvings, it contains the sculptures of Buddhism, Confucianism and Taoism. The stone carvings were created on the eastern, southern and northern cliffs of the U – shaped bay. The cliff panel measures about 500m long and 8 – 25m tall. Numbered the 31st, this site is home to some renowned sculptures such as Thousand – hand Kwan – yin, Trinity Buddha of Vairocana, Samantabhadra Bodhisattva and Manjusri Bodhisattva, Shakyamuni Nirvana Site, the Six Realms of Existence (Samsara), Nine Dragons Bathing Prince Siddhartha, Yuanjue Cave and Cattle Herding. Without any repeated content from niche to niche, all sculptures constitute an organic whole with internal relations on the doctrine and consistence in form. The cluster not only adopted the life – based content and technique of expression, but also emphasized formal beauty and artistic conception on the layout, lighting, decoration, drainage, perspective, support and other aspects.

Impacted by the natural and human factors, the stone carvings unavoidably suffered from some risks and diseases under the outdoors conditions. Scientific protection measures have been taken, for example the No. 1 stone – built cultural heritage conservation project of the State Administration of Cultural Heritage (SACH) for the restoration of the Thousand – hand Kwan – yin, water control at the Dafo Bay, reinforcement of Dafo Bay grotto eaves, heritage monitoring and archaeological research. On the other hand, the world heritage site shall be shared by all humankind and reasonably used on the precondition of well conservation, such as digital presentation. The above – mentioned work needs relevant drawings and supporting data on Dafo Bay. However, given the structure of the stone sculptures and high complexity of the ambient environment, the real data of the current situation cannot be obtained with the conventional ways, and thus, there is no basic drawings or precise data.

The 3D laser scanning technology brings an opportunity for the precise mapping of cultural heritage and has been widely applied in the cultural heritage conservation as an innovative landmark technology in the mapping and information field following GPS technology, e. g. , cultural heritage information recording and documentation, archaeological survey and mapping, virtual restoration, conservation engineering design, digital presentation and heritage monitoring. This technology has showed unique advantages in the cultural heritage conservation: (1) high degree of safety. The non – contact non – destructive measuring technique meets the principle of "minimum intervention" of the cultural heritage conservation; (2) high precision. It can realize precise data collection of the complicated, special – shaped cultural heritage; (3) high efficiency. It can measure several thousand even millions of points within a second, significantly improving the field working efficiency, and especially suitable for the salvage conservation project of cultural heritage; (4) broad application prospect. The application of point cloud is only limited by the imagination of users. Thus, it can meet various requirements of cultural heritage conservation. However, there are many problems in the application of the current 3D laser scan technology in the cultural heritage conservation. The main challenge lies in the integration of the technology with the cultural heritage conservation requirements, especially the complicated diversity of the cultural heritage and differences in the conservation requirements which cause low utilization rate, non – standard drawings and non – practical results of the 3D data and other outstanding problems.

The relevant 3D laser scanning practice of the grotto temples and stone carvings shows that the 3D laser scanning technology is highly adaptive given the complexity of the stone sculptures and characteristics of the stone materials of the cave sculptures. However, there is a lack of systematic research and standardization on the 3D data collection and conservation application modes. To address such problems, Chinese Academy of Cultural Heritage led the 3D mapping and digitalization pilot of Dazu stone carvings with support from the SACH and explored the scientific application modes of 3D laser scanning technology in the grotto temples and stone carvings in light of the relevant requirements of Dafo Bay stone carving protection program. This book mainly introduces some achievements of the program.

This book consists of six chapters. The first chapter mainly introduces the basic characteristics, conservation of Dazu Stone Carvings and other grottoes and stone carvings and cultural heritage information collection requirements. The second chapter systematically introduces the theories of 3D laser scan technology, equipment and data processing software, and application advantages, direction and typical cases of the technology in the cultural heritage conservation. The third chapter mainly introduces the field operation and data collection of Dafo Bay Stone Carvings, mainly including the characteristics analysis, general design of the data collection plan, general scanning of the overall, regional refined scanning and texture data collection, etc. Chapter IV mainly introduces the indoor data processing of Dazu Stone Carvings, including the data processing plan design, point cloud data processing, 3D modeling, texture mapping, orthophoto and featured site drawings production, etc. Chapter V introduces the application of 3D scan data results in light of the relevant requirements of protection of Dazu Stone Carvings, including current situation and disease investigation, protection engineering design, virtual restoration research, archaeological research, digital presentation and heritage monitoring. Chapter VI introduces the management methods and system realization in combination with the document and database according to the characteristics of multiple sources and mass data of the 3D scan data of grotto temples and stone carvings.

目录 | Contents

插图目录 | Contents of Illustrations

图版目录 | Contents of Plates

第 1 章　绪论

1.1　中国石窟寺及石刻概况

石窟是古代佛教遗迹，开凿于河畔山崖处，供僧人禅观及进行其他宗教活动之用。佛教石窟源于印度，我国开凿的石窟约始于公元 3 世纪，如新疆克孜尔石窟；盛于 5 ~ 8 世纪，即南北朝及唐朝中叶，如敦煌莫高窟、大同云冈石窟、洛阳龙门石窟等；此后渐趋衰微，但最晚的营造仍延续至 16 世纪，如平顺宝岩寺石窟（马世长等，1993）。

根据石窟形制和主要造像的特点差异，按地区可分为四大片区，即：新疆地区、中原北方地区、南方地区和西藏地区。其中，中原北方地区的石窟数量多，内容复杂，是中国石窟遗迹中的主要部分。不同地区的石窟寺各具特点而又相互影响，与佛教艺术传布方向有关，同时又不同程度地受到彼时全国主要的政治中心或文化中心所盛行内容的影响。

石刻是造型艺术中的一个重要门类，是运用雕刻的技法在石质材料上创造出具有实在体积的各类艺术品。一般分为宗教石刻、陵墓石刻和其他石刻三类，其中宗教石刻与石窟寺紧密相关。在我国对不可移动文物的三级管理办法中，将石窟寺及石刻作为一类，其数量和类型均很丰富，截至 2014 年公布的七批全国重点文物保护单位中，共有石窟寺及石刻 271 处，占国保总数的 6.3%。

在众多的石窟寺及石刻中，已有数处因具有突出的历史文化价值而被列为世界文化遗产，包括：莫高窟、云冈石窟、龙门石窟、大足石刻、乐山大佛（峨眉—乐山大佛，世界文化与自然双遗产）、麦积山石窟（丝绸之路遗产点）。

表 1.1　列入《世界文化遗产名录》的中国石窟概况

名称	地理位置	年代	主要内容	列入世界遗产时间
莫高窟	甘肃省敦煌市	开创于前秦建元二年（公元 366 年），历经十六国、北魏、西魏、北周、隋、唐、五代、宋、西夏、元 10 个朝代。	洞窟 735 个，壁画 4.5 万平方米，彩塑 2000 余尊。	1987 年
云冈石窟	山西省大同市	开凿于北魏文成帝和平初（公元 460 年），一直延续至孝明帝正光五年（公元 524 年）。	现存洞窟 252 个，雕像 5 万余尊。	2001 年

续表 1.1

名称	地理位置	年代	主要内容	列入世界遗产时间
龙门石窟	河南省洛阳市	始凿于公元 493 年，历经东魏、西魏、北齐、隋、唐、五代、宋、明朝。	现存窟龛 2300 余座，造像 10 万余尊，碑刻题记 30 余万字。	2000 年
大足石刻	重庆市大足区	凿于初唐（公元 7 世纪中叶），历经晚唐、五代、北宋，兴盛于南宋，延续至明、清。	以佛教题材为主，儒、道教造像并陈，主要包含北山、宝顶山、南山、石篆山、石门山五处。	1999 年
乐山大佛	四川省乐山市	开凿于唐开元初年（公元 713 年），完成于贞元十九年（公元 803 年）。	弥勒佛坐像，通高 71 米。	1996 年
麦积山石窟	甘肃省天水市	约自十六国后秦时期创建，历经西秦、北魏、西魏、北周、隋、唐、宋、元、明、清各代，历时一千六百余年。	东崖保存有洞窟 54 个，西崖 140 个。	2014 年

1.2 石窟寺及石刻文物保护

1.2.1 文物保护法规体系

对具有历史价值、文化价值、科学价值的历史遗留物采取的一系列防止其受到损害的措施的过程叫作文物保护。

为进行科学而行之有效的文物保护，我国于 1982 年由国务院颁布了《中华人民共和国文物保护法》，并于 2002 年进行了首次修订，成为文物工作的基本依据，目前正在进行再次修订过程中。随后，国家文物局及地方文物主管部门先后出台多项政策法规，进一步完善了文物保护法规体系。“保护为主、抢救第一、合理利用、加强管理”是现行文物工作的基本方针。可见，加强文物工作保护，是文物工作的基础，是发挥文物作用的前提。

《中国文物古迹保护准则》是在中国文物保护法规体系的框架下，以《中华人民共和国文物保护法》和相关法规为基础，参照以 1964 年《国际古迹保护与修复宪章》（《威尼斯宪章》）为代表的国际原则而制定的。该准则是对文物古迹保护工作进行指导的行业规则和评价工作成果的主要标准，也是对保护法规相关条款的专业性阐释。由于《准则》的这种把国际文化遗产保护的原则与中国文物古迹保护实践相结合的特点，《准则》制定以来，它已被中国的文物古迹保护工作者广为接受，《准则》的主要原则和精神也在中国文物古迹主管部门公布的相关法规中得到了越来越多的体现。

1.2.2　文物保护工作基本特点

因文物属于不可再生的宝贵资源，其保护工作程序和原则要求也相对特殊。

文物的不可再生性，决定了对它干预的任何一个错误，都是不可挽回的。前一步工作失误，必然给后面的工作造成损害，直至危害全部保护工作。因此必须分步骤、按程序进行工作，使前一步正确的工作结果成为后一步工作的基础。为此，《中国文物古迹保护准则》在详细阐释中提出了“文物古迹保护工作程序表”，将文物保护工作程序分为6步：文物调查、评估、确定各级文物保护单位、制订保护规划、实施保护规划、定期检查规划。

《中国文物古迹保护准则》中提出了文物保护的若干原则：必须原址保护、尽可能减少干预、定期实施日常保养、保护现存实物原状与历史信息、按保护要求使用保护技术、正确把握审美标准、必须保护文物环境、不应重建已不存在的建筑、考古工作注意保护实物遗存、预防灾害侵袭等。

根据上述文物保护工作程序和原则要求，形成了文物保护工作的基本特点。其中，按程序工作及贯彻最小干预原则成为重要的两点。特别是近年来，随着社会与经济的发展，文物保护工程的前期调查与评估工作愈来愈得到重视与加强。

1.2.3　石窟寺及石刻文物的主要病害

石窟寺及石刻多暴露于野外环境中，保存条件相对较差。造成破坏的原因很多，破坏类型也多种多样，总体上可分为两类：一是由于自然营力作用引起的病害，另一类则是人为因素所致的破坏（黄克忠，1998年）。

自然营力作用于石窟寺及石刻文物而产生的主要病害：

（1）水害：雨水、河水、地下水、凝结水等造成文物建筑漏水、渗水和积水，成为对石窟寺及石刻危害最大的病害。即便是相对干旱缺水的敦煌莫高窟，亦遭受了洪水的冲刷破坏，而在降水充足的地区，雨水往往直接从顶部或地面灌入文物建筑内部，造成石窟积水或长期渗水或长期干湿交替。

（2）石窟岩体的崩塌、开裂与边坡失稳：石窟寺及石刻所依附的岩体中，往往存在构造裂隙、风化裂隙、断裂面或剪切带、软弱夹层等结构面，易造成结构失稳，形成危岩体，同时也为水、盐类的运移和积聚提供了良好通道，“皮之不存，毛将焉附”，对石窟及石刻造成极大破坏。

（3）风化：石窟寺及石刻常年遭受物理、化学和生物风化的病害。

（4）地震、大风、沙尘暴等自然灾害：地震灾害，往往造成石窟岩体的崩塌而形成致命破坏，而风沙侵蚀，使得石窟寺及石刻上的彩绘严重磨蚀、变色、褪色甚至脱落。

人类活动引起石窟寺及石刻文物的损坏：

（1）环境污染的危害：大气环境的污染恶化对文物的损害日益突出，其中酸雨成为危害最大、最普遍的因素，而有害飘尘及游客参观、汽车尾气排放等带来的二次污染也逐渐成为重要影响因素。

（2）工程建设、采矿等带来的负面影响：大规模水利建设，使文物建筑遭受淹没或被迫迁移，尤其是三峡工程，使得很多石刻的保护只能是抢救性和一次性的，即便是已斥巨资修建了一座水下博物馆——白鹤梁水下博物馆，但也因所处气候环境发生了较大变化而使文物遭受不可避免的损害。此外，在石窟寺及石刻遗产区内进行采矿时，往往形成采空区，引起地面的塌陷，导致石窟岩体产生裂隙，另一方面，人工爆破震动亦对文物环境造成危害。

（3）保护性破坏：尽管实施文物保护旨在根据“不改变文物原状”的原则对文物进行“益寿延年”，但有时却因技术条件或者人为因素而对文物造成了破坏。正因如此，在对文物实施保护时，需要格外慎重，在严格遵循文物保护基本原则的基础上，不仅要合理利用现代科学技术方法，还要加强前期试验研究。

1.2.4 石窟寺及石刻保护工作

石窟寺及石刻文物保护工作须遵守不改变文物原状的原则，全面地保存、延续文物的真实历史信息和价值；按照国际、国内公认的准则，保护文物本体及与之相关的历史、人文和自然环境。

根据《文物保护工程管理办法》，石窟寺及石刻文物保护工程分为5大类：

（1）保养维护工程

系指针对文物的轻微损害所做的日常性、季节性的养护。

（2）抢险加固工程

系指文物突发严重危险时，由于时间、技术、经费等条件的限制，不能进行彻底修缮而对文物采取具有可逆性的临时抢险加固措施的工程。如四川汶川地震后，多处石质文物受到损害，中国文化遗产研究院对德阳龙护舍利塔进行了抢救性的加固工程。

（3）修缮工程

系指为保护文物本体所必需的结构加固处理和维修，包括结合结构加固而进行的局部复原工程。如受中国政府委托，中国文化遗产研究院自20世纪90年代开始至今，无偿援助柬埔寨进行吴哥古迹——周萨神庙及茶胶寺的保护修复工作。

（4）保护性设施建设工程

系指为保护文物而附加安全防护设施的工程。如大足石刻北山搭建的窟檐，对石刻的保护起到了重要作用。

（5）迁移工程

系指因保护工作特别需要，并无其他更为有效的手段时所采取的将文物整体或局部搬迁、异地保护的工程。如在山峡工程中，对许多石质题刻进行了搬迁与异地保护。

针对石窟寺及石刻的主要病害开展相关保护工作，从工作环节可分为前期调查研究、立项、设计、施工、验收、资料归档及出版等。

（1）前期调查研究

石窟寺及石刻保护前期调查研究是文物保护工作的基础，其内容主要包括：文物的历史价值、艺术价值与科学价值；文物保存现状及主要病害；维修技术与材料应用试验研究等。通过系统收集与整理石窟寺及石刻文物的基础资料，才可能充分了解其过去的自然历史，才能更好地分析其现状，从而更科学地把握其目前和未来的需要。这个阶段往往由于经费不到位或者其他原因而被忽视，缺少前期研究，立项的依据就不足，甚至会影响到后期的设计与施工。因此，前期调查研究的目的就是要强调保护工程的科学性，寻找出保持原状的客观依据，减少主观随意性。

（2）立项

立项是通过地方主管单位申报，经上级主管部门了解情况后允许开展某项工程而履行手续的第一步。为进一步规范强调前期立项工作，国家文物局于 2013 年印发了《全国重点文物保护单位文物保护工程立项报告规范文本（试行）》，2014 年进行了修订完善，主要内容包括：文物保护单位基本信息、项目概况（工程对象名称、保护工程类型和项目内容）、项目实施的必要性、项目实施的可行性、项目实施计划、经费估算、图纸、照片、已批准的文物保护规划相关内容和图纸以及其他相关试验、检测及监测报告等。

（3）设计

设计阶段主要研究文物的现状、残损情况及其所在的环境，落实勘测、试验、设计单位，进行保护方法的研究及保护区总体规划的制订等。设计文件的主要内容包括：说明文物损害情况的现状图，详细的勘察报告（含照片），针对文物损害情况制定的保护方案图纸、说明及其历史、科学技术依据，工程概算等 。建设单位和设计单位需协商并各自承担相应工作。

（4）施工

石窟寺及石刻保护工程施工则由相关资质单位严格按照批复同意的设计方案实施，在施工过程中不得有损害文物的行为。如需变更、补充已批准的技术设计，应由建设单位、施工单位和设计单位共同现场洽商，如需变更已批准的设计任务书或方案设计中的重要内容，必须报请原审批机关批准。重要工程的施工过程还需组织相关单位负责工程监理工作。

（5）验收、资料归档及出版

施工实施重要过程节点及施工结束后，项目审批机关要成立验收组，负责各种形式的验收。要将保护工程中图表、照片、说明等资料分类整理归档，对于一些规模较大、程序复杂且具有代表性的保护工程，应列支预算进行相关成果的出版。

总之，从石窟寺及石刻文物保护工作特点及需求来看，测绘工作是贯穿整个文物保护工程的一项重要工作，尤其是前期调查研究与设计阶段，国家文物局在近年来也为此专门强调“加强前期勘察测绘，是文物保护工作基础工作中的重中之重”、“尤其要高度重视、加强测绘工作”，这也对文物的测绘工作提出了新的要求，即需要利用好现代高新测绘技术。

1.3　大足石刻及保护概况

1.3.1　大足石刻简介

大足石刻始凿于唐永徽元年（公元 650 年），兴盛于宋代（公元 9 世纪至 13 世纪中叶），一直延续至明、清。现存摩崖石刻造像 5 万余尊，铭文 10 万余字，遍布 100 余处，其中北山、宝顶山、南山、石门山、石篆山 5 处石刻，为大足石刻中规模最大、艺术价值最高的石刻造像代表，为全国重点文物保护单位，1999 年被列入世界文化遗产名录。大足石刻集中国佛教、道教、儒家“三教”造像艺术的精华，以鲜明的民族化和生活化特色，在中国石窟艺术中独树一帜。石窟形制主要包括两种：一是传统的石窟造像，另一种是摩崖造像，且后一种占据了主要部分（王金华，2009）。

1.3.2　大足石刻文物保护工作概况

20世纪40年代以前，大足石刻基本处于无人管理的状态，由于自然原因，窟檐及石刻本体破坏严重，所幸未发生较大的人为破坏情况，石刻总体上保存比较完整。

新中国成立后，大足石刻保护日益得到重视，开展了大量的石刻保护研究工作和保护治理工程。根据保护工作的性质，大致可分为两个阶段：

第一阶段（1952～1980年）：进行基本的调查、管理，建立“四有”档案，并做了一些抢救性保护工作。

第二阶段（1981年至今）：为有计划、系统的抢救性保护阶段。

从保护工程类型与特点来看，主要包括以下几个方面：

（1）造像岩体抢险加固

主要采取砌体支撑、锚固等工程手段，兼采用化学材料灌浆粘接加固岩体裂隙、洞窟危岩以及岩体崩塌部位。如1982年、1986年、1997年、2002年，采用环氧树脂粘接及灌浆、改性膨胀卷状水泥灌注，结合锚固技术分别对宝顶山大佛湾地狱变相龛、毗卢洞窟岩体基础崩裂、柳本尊行化图龛顶板剥块脱落险情、观无量寿佛经变相龛岩体整体产生蠕动和局部崩裂变形等进行抢险加固；1998年采用钢筋混凝土桩柱对宝顶山大佛湾圆觉洞基岩进行加固；2010年实施了南山石窟综合抢险加固工程。目前即将实施大足石刻大佛湾窟檐岩体抢救性加固保护工程，以解决窟檐岩体局部存在稳定隐患，窟檐所存在破裂、拉裂、片状剥块、鳞片状剥块、粉末状风化，窟檐边缘沟漫水、窟檐裂隙渗水、窟檐缺损和缺陷等方面的问题。

（2）风化治理

采用近景摄影测量技术、三维扫描等技术建立数字化档案，以备将来维修保护之用；对少数风化较重的龛窟造像或碑刻，采用抗老化、防酸雨、渗透性好、粘接性强的化学材料进行防风化渗透加固，以延缓石雕艺术品的风化速度。如正在实施中的千手观音抢救性保护工程就对造像本体及彩绘层进行了防风化处理，并对其修复效果进行了长期跟踪监测。

（3）水害治理

主要采取堵截、引导防渗排水处理，或较大规模地改善造像区原地表经流水和崖壁岩体中的排水系统，以杜绝对造像及岩体的侵蚀破坏。如1983年采用潮湿环境下石窟岩裂化学灌浆材料治理北山第136号窟顶渗水；1993年采用排水隧洞工程技术手段治理北山摩崖造像北段水害；2011年中国科学院武汉岩土力学研究所已完成了大足石刻宝顶山大佛湾水害勘察，该项成果获得了国家文物局专家组的高度评价。2012年3月，《大足石刻宝顶山大佛湾水害勘察报告》通过了国家文物局专家组评审验收，目前正在编制大足石刻宝顶山大佛湾水害治理工程设计方案，该工程将通过分段分区重点突出的对各处漏水点采用疏、堵结合的治水方法，对地表水和裂隙水等各种水害进行治理，达到对大佛湾石窟区整体治水的目的。

（4）环境整治

扩大保护范围，严禁在重点保护范围内开山采石、违规修建民用建筑和构筑物等，拆除一般保护范围内与文物区环境风貌不协调的建筑物与构筑物；增加绿化面积；使用清洁能源；建立文物区雨污分流管网系统，将生产生活废水集中治理排放。

（5）监测与科学研究

多年来，大足石刻管理部门根据现有的工作人员技术能力现状、现有的设备设施以及本遗产地的特殊性，不间断开展石窟文物本体监测、影响因素监测、保护管理行为监测以及安全保障监测工作：监测石窟区地下水、霉菌、岩体裂隙、风化状况和文物景区开发建设等石窟保存因子，并对造像保存的完好程度定期开展专项调查；对影响石窟保存核心因子之一的岩体稳定性、渗水状况、风化状况等方面，聘请专业科研机构技术人员，运用电法勘探、电法微测深、回弹锤击测试、地下水分析、风化产物分析等手段进行监测；开展防酸雨、防风化研究，对酸雨进行跟踪监测，有针对性地开展石刻造像及岩体风化防护加固材料研究；开展微生物防治研究工作。2012年5月，大足石刻研究院被国家文物局确定为中国世界文化遗产监测预警体系建设试点单位之一。

总体而言，大足石刻保护充分利用现代科学技术手段，以传统工艺、材料为主，同时辅以新工艺、新材料进行保护研究，成效显著，如大足石刻千手观音保护修复工程已经成为石质文物保护工程的典范。

1.3.3　大足石刻文物数字化保护概况

大足石刻文物数字化保护工作一直得到高度重视，在三维激光扫描技术出现之前，中国文化遗产研究院（原中国文物研究所）技术人员曾利用近景摄影技术进行了大足石刻等石窟的数字化保护工作，与建设部综合勘察研究设计院共同完成的文化部课题“近景摄影测量技术在石窟测绘中的应用研究”获得国家科技进步三等奖。

多年来，大足石刻一直追踪科技前沿，大足石刻的三维激光扫描工作在国内也是率先开始的。早在2001年，加拿大华人吴永光将加拿大刚刚研制出来尚未投放市场的三维扫描设备捐赠给中国文物保护基金会，之后这台国际上最先进的三维扫描设备被应用于三峡张飞庙搬迁测绘及多项文物保护工程中，包括对大足石刻进行了应用尝试。虽然由于设备本身性能的稳定性不足、操作人员的经验欠缺及三维数据处理技术的滞后性，当时的三维激光扫描工作未取得理想化成果，但栩栩如生的3D影像无疑引起了文物保护工作者的极大关注。随着三维激光扫描技术的不断成熟，大足石刻的三维激光扫描工作也逐渐深入。

2008年汶川地震后，国家文物局将大足石刻千手观音列为一号石质文物保护工程，三维激光扫描被作为贯穿于前期病害调查及保护修复整个过程中的一项重要工作。

2009年，大足石刻开展了宝顶山大佛湾窟檐抢险加固工程，三维激光扫描技术在方案设计中发挥了重要作用。

2012年始，在国家文物局的重视与支持下，大足石刻的三维激光扫描工作迎来新的契机。针对三维激光扫描技术在文化遗产保护应用中出现的数据利用率不高、成果不实用、技术规范欠缺等典型问题，以大足石刻大佛湾为例，由中国文化遗产研究院牵头开展大足石刻三维测绘与数字化试点工作，探索三维激光扫描技术在石窟寺及石刻类文物保护工程应用中的科学模式。截至目前，已取得较理想的阶段性示范成果，本书将着重介绍相关成果。

1.4 文物信息记录

1.4.1 文物信息类型

迄今为止，关于文物尚未形成一个公认的统一的定义。文物一般指人类社会历史发展进程中遗留下来的、由人类创造或者与人类活动有关的一切有价值的物质遗存的总称，包括不可移动文物和可移动文物。谢辰生（1993 年）指出文物应具备两大基本特征：一是必须是人类创造的，或者与人类活动有关的；二是必须已经成为历史的过去，不可能再重新创造的。《中华人民共和国文物保护法》对“文物”的范畴作了指向更加明确的界定，确指人类创造的、历史遗留的、不可再生的、物质形态的文化遗产。

文物本身储存着大量的信息，历史、艺术和科学信息是其中最重要的信息。由于文物价值内涵的复杂性和人们价值观念的不同，对文物信息及其价值的认识不可能一次完成，随着研究的深入，科学技术迅速发展所提供的技术手段愈多，对文物信息与价值深层次的认识也会愈来愈丰富。

从物质形态而言，文物信息包括有形和无形两类。有形物质作为文物信息的基本载体，是文物保护的根本，是文物信息采集的重点内容，主要包括文物的外形几何信息和表面纹理信息。

文物作为古代劳动人民辛勤与智慧的结晶，体现着民族的信仰与精神追求，在文化遗产中具有举足轻重的地位。近年来，由于自然力、人为等种种因素的影响，文化遗产屡遭破坏，甚至有的已经灭绝。由于文物是不可再生的珍贵资源，文物信息采集工作必须遵循文物保护的基本原则，实行“最小干预”，尽量避免在文物本体上的直接操作，倡导非接触式和无损技术手段，将文物的基础信息采集并永久存档是使其得以保护的必要条件，让文化遗产在数字中永生。

1.4.2 传统文物信息采集方法

1. 几何信息采集

文物几何信息的采集方法与测绘技术设备的发展是息息相关的，从传统的法式手工测绘到时下的精密设备测绘，测绘精度从低到高，测绘模式从点到面，测绘强度从高到低，测绘难度从难到易。总而言之，测绘技术的成熟发展，使得文物外形几何信息能更真实地被记录与存档。

早期的文物几何信息采集主要依赖卷尺等简易的工具以及手工绘图和记录，由于因人而异，详略不一，标准很难统一，成图精度也较低，几何变形严重。这种法式测绘通常适合于外形相对规则的目标，而文物基本为人们手工创造，多属于外形非规则的对象，且许多精美的文物局部雕刻细微，在精度上往往有更高的要求。根据文物最小干预原则，全站仪、摄影测量、三维激光扫描等非接触式测绘技术成为文物几何信息采集的重要工具。

2. 纹理信息采集

文物的纹理信息的采集方法与摄影技术和设备的发展是紧密相关的，从传统的胶片式摄影到现代的数码摄影，摄影清晰度由低到高，色彩由黑白到彩色，越来越逼近文物的真实颜色。

传统摄影经过一百多年的发展，技术与艺术已十分成熟。它成为人们记录生活、记录历史、表达摄影家个人情感的方式。而经过显影和定影技术后的负片和正片，具有存放数十年甚至上百年的稳定性。传统摄影的成熟性还包含摄影暗房技术的成熟。通过暗房技术，摄影家可以得到各种不同特殊效果的图片，充分保障了它的技术性与艺术性的完美统一。20世纪80年代，数字技术开始紧锣密鼓地“入侵”摄影领域，至90年代，数码摄影技术已日臻成熟。随着科学技术迅猛发展，数码摄影成为大众化的消费方式，它具有直观、快捷、方便、成本低的优势。有人曾预言，到21世纪，数码摄影将取代传统胶片成像摄影。而现今，传统摄影与数码摄影仍在现代社会中各有独自空间，两者在今后的很长一段时间将保持共同发展的局面。实际上，传统摄影和数字摄影的技术支撑体系是相同的，即都是通过光学镜头感光成像，只不过传统摄影是通过感光胶片记录图片，而数码摄影是通过CCD传输数字信号存储在存储卡上。两者的区别和优劣性主要体现在记录载体、成像质量、输入输出方式、图像后处理难易度、存储方式与安全性、持机操作方便性等方面。

文物除了精巧的外形外，还具有丰富的色彩，如彩绘、壁画等，这些色彩纹理信息同样是文物不可或缺的重要组成部分。现代高清数码摄影技术为文物的纹理信息的翔实采集提供了可能。

1.4.3　精细化数据采集需求与问题

随着社会的进步，文化遗产已作为衡量国家文明程度的重要指标，而随着经济的发展，更多的资金能够投入遗产的保护。其中，遗产数字化已成为遗产保护的一项重要工作内容，而数字遗产的核心则是利用科学技术进行文物空间信息和纹理信息的翔实记录与存档。关键问题不仅是技术的运用，更重要的则是对遗产所含信息的全面理解与把握。

为此，2010年，国家文物局“指南针计划”启动了“中国古建筑精细测绘”专项，旨在利用三维激光扫描、近景摄影测量等现有先进科学仪器设备，全面、完整、精细地记录古建筑的现存状态及其历史信息，为进一步的研究、保护工作提供较全面、系统的基础资料。首批实施的项目共有7个：基于激光雷达扫描技术的颐和园标志建筑——佛香阁精细测绘、山西潞城原起寺正殿、平顺大云院弥陀殿精细测绘、山西平遥镇国寺万佛殿精细测绘、北京先农坛太岁殿古建筑精细测绘、武当山南岩宫两仪殿精细测绘、山西万荣稷王庙测绘、晋祠圣母殿精细测绘。各项目组技术人员在测量仪器设备的应用、测绘操作的流程与方法、测量精度的定义、测绘内容的层次划分、测绘数据的后期处理、测绘成果的公众展示方案等方面进行了探索研究，取得一定共识：随着遗产保护实践的不断推进，以记录建筑形制为主要目的，以二维图纸为主要表现手段的传统测绘方法已经不能满足当今遗产保护和研究工作的需求。如何利用高新技术手段，开展全方位、多角度、多层次的测绘和记录工作，最大限度获取和保存古建筑承载的各方面历史信息，这是一个复杂的问题，需要在汇总大量工作经验的基础上，建立一套相对完善的工作方法和记录体系。同时，还要在实践中加以灵活运用，根据文物本体特征、环境条件、研究侧重点等客观需求进行具体调整。此外，大家还一致认为，任何高科技的测绘手段都不能代替研究人员与文物本体的接触，即对文物信息的专业性理解与把握，传统测绘方法作为遗产信息挖掘的基础手段，同样是未来工作中不可或缺的组成部分。

石窟寺及石刻的数字化主要面临以下几个方面的问题：石窟造像多为三维立体的凿造，雕造结构十分复杂，简单的平面与立面测绘图件无法完整真实地反映其形态、结构及保存状况，系统、科学的调查与记录及相关保护修复工作难以进行。因此，现有的精细化数据仍远远不足。

（1）信息留存不完整，传统测量精度较低。

一方面，从石窟造像基本形态的测绘来看，无论是全站仪测量还是近景摄影测量，传统测量手段均有技术瓶颈而造成其精度较低，而绝大部分石刻均为精细雕刻，如千手观音造像测绘中发现唯有达到亚毫米以内的精细测量方可体现其真实现状，采用常规手段显然无法全面地获取其翔实形态信息。

另一方面，从影像信息的留存来看，随着数码摄像技术的不断发展，已能实现高清晰、色彩高保真的信息留取。然而，截至目前大部分石窟造像未进行过系统摄影，受地形条件及石刻本身复杂构造影响，拍摄相对困难，拍摄时往往不可能达到理想光照环境，光的颜色、明暗分布、阴影等均会影响对其真实色彩和材质信息的获取，而且在需要使用辅助光源的情况下，数字化时会产生明暗接缝。

（2）不能为监测提供重要参数和支撑。

石刻外表形态劣化及变形的监测是世界文化遗产监测的重要内容之一。对于外表形态的监测，传统方式借助常规测量仪器，如经纬仪、水准仪、全站仪，并辅以照相手段。此类监测往往只能监测某点或局部的相对变形，多适用于具有规则外形的目标，而对于外表极其不规则的石刻造像，由于其不同局部外表形态的变化各不相同，上述传统手段无法实现对其形态的全面监测，且精度也有一定限制，从而无法准确掌握其不同部位的破坏程度及变化趋势。

（3）无法实现高精度的病害调查、定量统计与评估。

目前，在进行石刻相关现状病害的调查工作中，主要是通过在正射影像图或立面线划图上进行病害区域的标注、分类，这无疑与实际状况存在很大差距，难以真实反映石刻的病害状况，从而无法进行高精度的定量统计及科学评估。

（4）不能为科技保护提供精确数据。

科技保护工作依赖于全方位的、精确的科学数据，而目前的绝大多数数据均来源于某个正投影面的二维调查数据，缺乏可靠的科学依据。

（5）难以为修复或展示等提供可靠依据。

全方位、三维的形态与影像数据是文物修复或虚拟复原的基本依据，而目前石刻的测绘成果中，多为二维数据（尺寸数据及平面照片等），这在将来进行的保护修复工作中，无法提供科学数据对保护修复效果进行比对评定，在虚拟复原与展示中也难以实现逼真效果。

（6）不能满足文物信息数据库建设。

文物信息数据库的建设，是博物馆信息化、规范化、标准化建设的基础，特别是文物三维信息的留取，确保了文物信息的真实、完整和准确。建设文物数据库要求实现对文物信息的永久性的留取与保存；实现对文物信息的高效而安全的统计与检索；提供构建文物保护、文物修复、陈列展示、监测预警及辅助决策等信息系统的数据平台；为相关研究机构和人员提供所需的详尽资料，推动文物信息的互联互通、资源共享和业务协同；为博物馆进一步对社会开放创造条件，推进数字博物馆工程，加强文物信息的社会化服务和传播普及工作。如果最基本的文物精细信息数据都不能采集到，上述要求可谓纸上谈兵，没有任何实际意义。

近年来，敦煌莫高窟、龙门石窟、云冈石窟等石窟类世界文化遗产，也一直进行着数字化的工作，加强数字化信息的利用，探索研究数字信息在保护、管理、展示、利用和监测等多方面的应用。世界文化遗产地大足石刻也开展了相应的数字化工作，在玉顶山大佛湾石刻实施三维测绘与数字化工作，紧密结合大佛湾石刻保护的实际需要，相关成果在文物保护工程、考古研究、数字展示、档案建设和世界文化遗产监测等工作中得到初步应用。

正因为如此，为满足精细化数据采集相关需求，三维激光扫描技术逐渐被广泛应用于文化遗产保护相关领域。

---

[1] 黄克忠，岩土文物建筑保护［M］. 1998.

[2] 马世长，丁明夷，王树林，等. 佛教石窟考古概要［M］. 北京：文物出版社，1993.

[3] 王金华. 大足石刻保护［M］. 北京：文物出版社，2009.

[4] 谢辰生. 中国大百科全书（文物、博物馆）［M］. 北京：中国大百科全书出版社，1993.

第2章 三维激光扫描与文物保护应用

2.1 三维激光扫描技术

三维激光扫描技术（3D Laser Scanning）是20世纪90年代中期开始出现的一项高新技术，它通过高速激光扫描测量的方法，快速、高精度、高密度地获取被测对象表面的三维坐标数据。根据三维数据可快速建立物体的三维影像模型及线、面、体等各种图件数据，因此也被称为实景复制技术，被誉为继GPS空间定位系统之后又一项测绘技术新突破。“三维”、“激光”和“扫描”三个关键词高度概括了这项技术的基本特点：三维表明其立体特性，激光是其内在原理，而扫描标志其工作速度的迅速，人们习惯上简称为“三维扫描”。

随着技术的不断成熟，尤其是硬件设备性能的提高和商业化，三维激光扫描已经被广泛应用于测绘工程、文物保护、土木工程、灾害应急、医学治疗和数字动漫等领域。

（1）测绘工程：大坝和电站基础地形测量、公路测绘、铁路测绘、河道测绘、桥梁和建筑物地基等测绘、隧道的检测及变形监测、大坝的变形监测、隧道地下工程结构测绘。测量矿山及体积计算等。

（2）文物保护：文物数字化、信息留存、古建筑/古遗址精细测绘、病害调查、考古制图、虚拟修复/复原、保护工程设计、数字展示、遗产监测等。

（3）土木工程：桥梁改扩建工程、桥梁结构测量、结构检测和监测、几何尺寸测量、空间位置冲突测量、空间面积和体积测量、三维高保真建模、海上平台、测量，造船厂、电厂、化工厂等大型工业企业内部设备的测量，管道、线路测量，各类机械制造安装。

（4）灾害应急：反恐怖主义，陆地侦察和攻击测绘，监视，移动侦察，灾害估计，交通事故正射图，犯罪现场正射图，森林火灾监控，滑坡泥石流预警，灾害预警和现场监测，核泄漏监测等。

（5）医学治疗：头颅、牙齿、乳房、肢体、手指等外科疑难手术辅助。

（6）数字动漫：用于电影产品的设计，为电影演员和场景进行的设计，3D游戏的开发，虚拟博物馆，虚拟旅游指导，人工成像，场景虚拟，现场虚拟。

（7）其他领域：在露天矿及金属矿井下作业，以及一些危险区域人员不方便到达的区域，例如：塌陷区域、溶洞、悬崖边等进行三维扫描。在智慧城市与数字城市中，利用三维扫描亦能更便捷逼真地建立三维模型。总体而言，三维激光扫描的应用领域逐渐扩大，甚至被称为“仅受想象力限制”的技术。

2.1.1　三维激光扫描技术原理

三维激光扫描系统主要由三维激光扫描仪、便携式计算机、数码相机、电源、三脚架及系统配套软件构成，是一种集成了多种高新科技的新型空间信息数据获取手段。其中三维激光扫描仪是系统的核心组成部分，由激光发射器、接收器、计时器、马达控制可旋转的滤光镜、控制电路板、微电脑、CCD 相机以及软件等组成。从功能来分，三维扫描仪主要由测距系统和测角系统及其他辅助功能系统构成，其基本工作原理是通过测距系统获取扫描仪到待测物体的距离，通过测角系统获取扫描仪到待测物体的水平角和垂直角，进而计算出待测物体的三维坐标信息。

三维激光扫描仪按照一定的分辨率采用逐行（列）扫描方式，获取被测目标至扫描中心的距离 S、横向扫描角度观测值 α、同时获得纵向扫描角度值 θ，可得空间点位的 X、Y、Z 坐标的计算模型为公式（2－1）。激光扫描系统通常是独立的空间直角坐标系，即扫描仪器自己定义的坐标系统：X 轴、Y 轴、Z 轴的位置关系如图 2－1 所示。

$$\begin{cases} X = S \cdot Cos\theta \cdot Cos\alpha \\ Y = S \cdot Cos\theta \cdot Sin\alpha \\ Z = S \cdot Sin\theta \end{cases} \qquad (2-1)$$

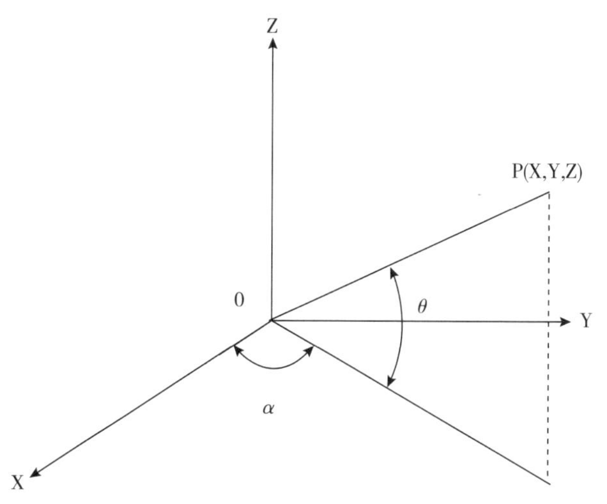

图 2－1　三维激光扫描技术测量原理图

激光测距技术是三维激光扫描仪的主要技术之一，主要有基于脉冲测距法、相位测距法、激光三角法、脉冲—相位式测距法四种类型。目前，测绘领域所使用的三维激光扫描仪主要是基于脉冲测距法，而近距离的三维激光扫描仪主要采用相位测距法和激光三角法。

（1）脉冲测距法

脉冲测距法是一种高速激光测距技术，脉冲式扫描仪在扫描时利用激光脉冲发射器周期地驱动激光二极管向被测物体发射近红外波长的激光束，然后由接收器接收目标表面经过反射后的信号，记录激光的回波信号，通过利用一个稳定的石英钟记录发射与接收所用时间差值 t，根据光速 C，则可以通过计算得到被测目标点至扫描仪中心的距离 S，公式如下：

$$S = \frac{1}{2}Ct \qquad (2-2)$$

这种原理的测距系统测距范围可达数百米至上千米，其精度可达厘米至毫米级。

（2）相位测距法

相位式扫描仪是发射出一束不间断的整数波长的激光，通过计算从物体反射回来的激光波的相位差，来计算目标物体的距离。相位式扫描仪主要用于中等距离的扫描，其范围通常在 100 米以内，而精度可达毫米级。

此类三维扫描系统通过检测接收的相位移来获取距离信息。正弦波震荡一个周期产生的相位移是

2π，发射的正弦波经过从扫描仪中心至被测目标的距离后的相位移为 φ，则 φ 可 2π 的 N 个整周期数和不足一个整周期的相位移 $\Delta\varphi$，即有

$$\varphi = 2\pi N + \Delta\varphi \tag{2-3}$$

根据光波振荡频率 f，可得

$$\varphi = 2\pi f t \tag{2-4}$$

由公式 2-3 与 2-4 可解出 t 为

$$t = \frac{2\pi N + \Delta\varphi}{2\pi f} \tag{2-5}$$

则根据公式 2-2，可得 S 为

$$S = \frac{C}{2f}\left(N + \frac{\Delta\varphi}{2\pi}\right) = \frac{\lambda_S}{2}\left(N + \frac{\Delta\varphi}{2\pi}\right) \tag{2-6}$$

式中，λ_s 为正弦波的波长，C 为光速。

由于相位差检测只能测量 $0 \sim 2\pi$ 的相位差 $\Delta\varphi$，因此需要确定整周数 N，一般有两种方法，一是通过对不同波长进行组合测距，然后将结果组合起来。二是对扫描的具体距离提前进行粗测，掌握大致的距离，也就是整周数 N。相位式三维激光扫描仪测距精度一般较高，但测量范围一般较小。

（3）激光三角测距法

激光三角法是利用三角形几何关系求得距离。由扫描仪发射激光到物体表面，利用在基线另一端的 CCD 相机接收物体反射信号，记录入射光与反射光的夹角，由已知激光光源与 CCD 之间的基线长度，根据三角形几何关系推算出扫描仪与物体之间的距离。为了保证扫描信息的完整性，此类扫描仪扫描范围通常只有几米到数十米，而其精度可以达到亚毫米甚至更高，主要应用于工业测量和逆向工程重建中。

（4）脉冲—相位式测距法

为综合利用脉冲式测距精度高和相位式法测距远的优点，就产生了一种新的测距方法——脉冲—相位式测距，基于此类测距方法，可利用脉冲式测距实现距离的粗测，而利用相位式测距实现对距离的精测。

上述为物体单点的激光测距方法，而扫描正是解决多点测量的另一项关键技术。在完成物体某一单点的测量后，三维扫描仪利用自带的垂直和水平马达等传动装置进行转动扫描，即可连续地以一定的取样密度进行扫描测量，从而获得被测目标密集的三维离散点数据，通常称为点云（Point Cloud）。为方便、快速地获取物体及周边环境的真实信息，三维扫描仪系统往往内置数码相机。

利用三维激光扫描技术，可以深入到任何复杂的现场环境及空间中进行扫描操作，并可以直接实现各种大型的、复杂的、不规则、标准或非标准的实体或实景三维数据完整的采集，进而快速重构出实体目标的三维模型及线、面、体、空间等各种制图数据。同时，还可对采集的三维激光点云进行各种后处理分析，如测绘、计量、分析、模拟、展示、监测、虚拟现实等操作。采集的三维“点云”数据及三维建模结果可以进行标准格式转换，输出为其他工程软件能识别的文件格式。

2.1.2　三维激光扫描设备

三维激光扫描技术的飞跃发展，最显著标志是三维激光扫描设备的改良进步。三维激光扫描设备种类繁多，可按照承载平台、工作距离、精度及工作原理进行分类，如图2-2。

1. 按承载平台可划分为机载（大范围场景测绘）、车载（长距离测绘，如道路）和地面方式（文物测绘中应用最为广泛）三种。

2. 按距离则可大致划分为远程（300米以上，适合大遗址或体量大的建筑测绘）、中程（100~300米，适应于一般文物建筑）、短程（10~100米，适用于多数石刻造像等）及超短程（10米至数厘米，适用于文物构件的精密测绘）四类。

3. 从扫描精度可分为低精度（毫米—厘米）、高精度（毫米）和超高精度（微米），其精度高低一般与距离远近呈负相关。

4. 从测距原理可划分为脉冲式（基于时间飞行原理）、相位式（基于相位）及三角测量式（基于激光三角形测距），其中三角测量式精度最高，多用于精密测量，而相位式扫描与脉冲式扫描精度相当，但测量速度前者远快于后者，而在有效工作距离上后者更远。

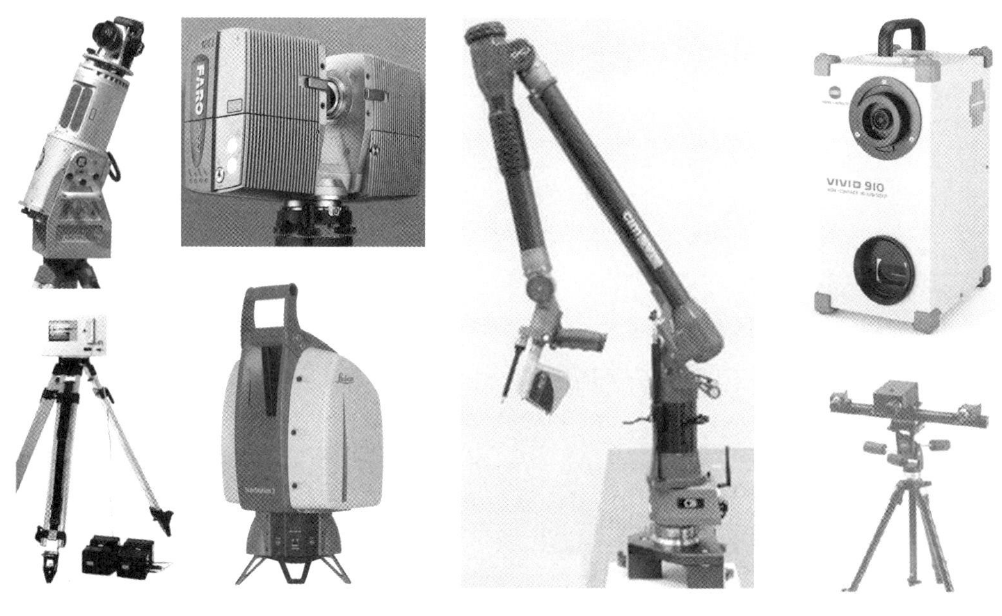

图2-2　三维激光扫描设备分类

a. 低精、中程、脉冲　b. 高精、短程、相位与脉冲　c. 超高精度、超短程、三角测量

目前，国际上已有众多的三维激光扫描仪制造商，生产出了各种型号的仪器，比较知名的有Leica公司生产的ScanStation系列和HDS系列扫描仪，RiegL公司生产的LMS-420i、VZ-400系列扫描仪，Faro公司的Focus3D，Trimble公司生产的GS200三维激光扫描仪，Mensi公司生产的S25型三维激光扫描仪，Hexagon公司生产的便携式关节臂扫描仪等。表2-1列举了一些常见三维激光扫描设备的基本参数。

以下主要介绍在大足石刻三维扫描中采用到的几种三维激光扫描设备：

表 2-1 常见三维激光扫描设备基本参数

设备类型	Leica 系列	Riegl 系列	Faro 系列	Z+F 系列	手持式系列
主要设备型号	Scanstation2、C10、P20；HDS6000、7000、8800	VZ-400；VZ-1000；VZ-4000；VZ-6000	Faro Focus^{3D} 120、330	Imager 5006h；Imager 5010	Romer、Handyscan
点位精度	6mm/50m；6mm/50m；3mm/50m；6mm/50m；9mm/50m	1.8″	2mm/25m	0.1mm	0.045mm/0.05mm
距离精度	4mm/50m；4mm/50m；1.5mm/50m；6mm/50m；10mm/200m	3mm/100m；5mm/100m；15mm/150m；15mm/150m	—	0.7mm/25m；0.8mm/50m	—
扫描距离	300m；300m；120m；79m；187m；2000m	1.5 ~ 600m；2.5 ~ 1000m；5 ~ 4000m；5 ~ 6000m	120m；330m	79m；187m	2m；0.5m
扫描速率	5 万；5 万；100 万；50 万；100 万；0.88 万	30 万	97.6 万	101 万	10 万
扫描视场角	360°/310°；360°/310°；360°/310°；360°/310°；360°/310°；360°/310°	360°/100°；360°/100°；360°/60°；360°/60°	360°/305°；360°/300°	360°/310°；360°/320°	—
扫描模式	脉冲；相位	脉冲	相位	相位	激光测距/结构光

1. Leica HDS6000

Leica HDS6000 属于相位式扫描设备，如图 2-3。徕卡测量系统在 2006 年推出的一款速度快、实用性强的中距离扫描设备。HDS6000 相关技术参数见表 2-2。

其主要特点与优势在于：

（1）采用提高相位波长的方法，使扫描距离在保证精度的情况下增大了 50%，采用基于相位的触发原理，点采集可达 500000 点/秒，提高了野外工作效率。

（2）将扫描仪、控制器、数据存储器、电池等一体化集成，便于操作，节省空间，同时，还提供了一体化侧面控制面板、无线 PDA、笔记本电脑控制等 3 种扫描仪控制选项供选择使用。

（3）仪器上增加了双轴倾斜补偿系统，可使仪器进行导线测量及后方交会，点测量精度更高。

（4）全方位视野（360° × 310°）宽广的扫描视场角以及 79 米的扫描距离大大减少了所需的设站数和标靶数量，结合导线测量、后视已知点等，近一步减少了标靶拼接的工作量，提高了工作效率。

图 2-3 Leica HDS6000 三维激光扫描仪

表 2-2　Leica HDS6000 扫描仪技术参数

参数项目	技术参数
扫描距离	79m/90% 反射率，50m/18% 反射率
单点测量精度（位置）	6mm/1 ~ 25m 扫描范围；10mm/50m 扫描范围
单点测量精度（距离）	≤4mm/扫描范围 25m 以内，90% 反射率 ≤5mm/扫描范围 25m 以内，18% 反射率 ≤5mm/扫描范围 50m 以内，90% 反射率 ≤6mm/扫描范围 50m 以内，18% 反射率
光斑大小	3mm + 40″发散，8mm/25m 距离，14mm/50m 距离
单点测量精度（角度 HV）	25″/ 25″
扫描速度	500000 点/秒
标靶获取精度	2mm
双轴倾斜传感器	开/关可设置，3.6″分辨率
扫描视场角	360° × 310°
扫描模式	中速（4 倍），高速（8 倍）特高速（16 倍），超高速（32 倍）
硬盘存储量	60GB
尺寸	244mm 长 ×315.5mm 宽 ×190mm 高
重量	14kg（含内部电池）
工作温度	0° ~ 40℃
湿度环境	非凝露大气状态
照相机	无内置相机，徕卡 Cyclone SCAN 软件支持使用外部相机

2. Faro Focus ^{3D}

FaroFocus ^{3D}属相位式扫描设备，如图 2-4，其性能参数见表 2-3。

其主要特点及优势体现在：

（1）小巧方便：Focus^{3D}是现今最小最方便的扫描仪，其重量不足 5 千克，并且实现了电池内置，可持续供电 5 小时以上，适合野外作业。

（2）触摸屏工作：交互式的触摸显示屏使 Focus^{3D}在用户友好方面建立了一个新标准。

（3）集成彩色相机：主机内集成 7000 万像素真彩色相机，可在扫描时生成全真三维高清晰彩色图像。

（4）SD 卡：为方便用户储存以及在扫描项目进行过程中实时提取数据，Focus^{3D}设置了 SD 卡插槽，实现了更安全的数据储存，并且实现了与电脑的瞬间传输。

（5）数据处理和接口：Focus^{3D}提供的利用工业级标准的自动注册软件可以自动处理点云数据。

图 2-4　Faro Focus ^{3D} 三维激光扫描仪

表 2－3　　Faro Focus^{3D}扫描仪技术参数

参数项目	技术参数
扫描距离	0.6～120m 低环境中，对于高反射表面，扫描范围可以大于 120～153.49m
扫描速度	122000/244000/488000/976000 点/秒
扫描时间	黑白 3min，彩色 5min
系统距离误差	25m 时，为 ±2mm
垂直视野范围	305°
垂直分辨率	0.009°
水平视野范围	360°
水平分辨率	0.009°
尺寸	主机 240×200×100 mm^3，屏幕 54×72 mm^2
重量	4.9kg（含相机、电池）
倾角传感器	精确度 0.015°，补偿范围 ±5°
工作温度	5°～40° C
湿度环境	无凝露
集成色彩摄像机	7000 万像素自动无视差

3. 关节臂 Romer

Romer 绝对关节臂是目前最轻便的、最高精度、最灵活的关节臂测量机之一，如图 2－5，其性能参数见表 2－5。

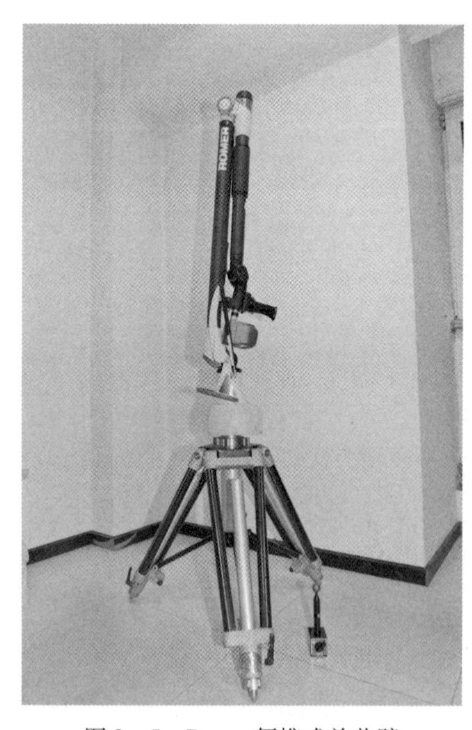

图 2－5　Romer 便携式关节臂

其主要特点包括：

（1）扫描速度快，点位精度高。

（2）获得专利的主轴无限转动技术。

（3）绝对编码器——无须复位，开机即可使用。

（4）无线通信增加了设备的便携性。

（5）整合了数字相机，以便于记录零件设置。

（6）整合有锂电池，能够在交流电源不具备的情况下完成现场测量任务。

（7）新一代 ZERO－G 平衡杆系统：可平衡测量臂的大部分自重，可实现单手操作。

（8）碳石墨纤维材料臂身：不仅强度高，其温度稳定性是铝的 25 倍，系统对环境要求极低。

（9）测头快速更换，不需要重新校准。

表 2-4 便携式关节臂测量机技术参数

重量	4. 68kg
尺寸	115 × 100 × 80mm
测量	458400 个测量/秒
空间分辨率	0. 0137mm
精度	0. 024mm, 2 sigma
景深	110mm
工作距离	100mm
工作环境温度	0 °C 至 50 °C
输出文件格式	. dae、. obj、. ma、. ply、. stl、. txt、. wrl、. x3d、. x3dz、. zpr
储存温度	-30° ~70℃
环境湿度	95% （非冷凝）
供电系统	110 ~240 VAC

4. EXAscan 3D

EXAscan 3D 是 Creaform 公司推出的 HandyScan 3D 系列便携自定位手持激光扫描产品之一，是最精确、最灵活的便携式扫描设备之一，如图 2-6。其主要技术参数见表 2-5。

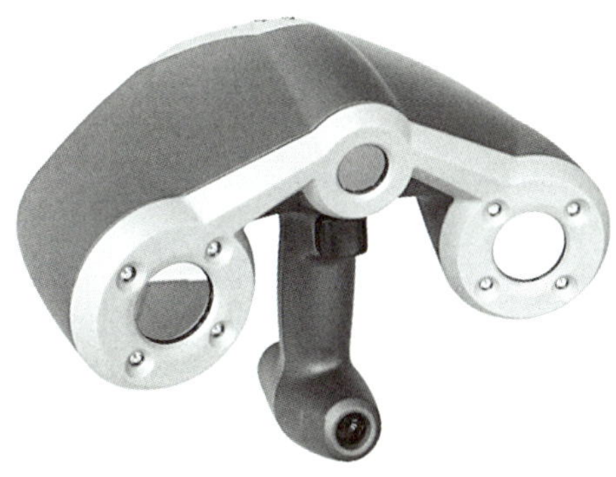

图 2-6 EXAscan 3D 三维扫描设备

表 2-5 EXAscan 3D 三维扫描仪技术参数

重量	1. 25kg
尺寸	172 × 260 × 216 mm
测量	25000 个测量/秒
激光安全等级	Ⅱ （人眼安全）
空间分辨率	0. 05 mm
精度	最高 40μm
容量精确性	20μm + 0. 1 L / 1000
景深	30 cm
输出文件格式	. dae、. obj、. ma、. ply、. stl、. txt、. wrl、. x3d、. x3dz、. zpr

2.2 三维激光扫描数据处理

2.2.1 三维激光扫描数据特点

根据三维激光扫描技术原理，通过三维扫描获取的原始数据为点云，其主要信息为物体空间点的坐标（XYZ），同时还包括物体表面的反射率（激光点到达处物体的反射强度值），部分扫描仪还可以获取点的色彩信息（RGB）。

三维数据处理的主要对象则是点云的处理。点云数据的空间排列方式根据三维激光测距传感器的类型分为阵列点云、线型点云、面型点云以及完全散乱点云，多数点云为线型点云，即具有一定的结构关系。点云主要特点有：

1. 海量性。三维激光扫描获取的数据量通常很大，一幅完整的扫描影像甚至一个站点的扫描数据都可以包含几十万至百万个扫描点，精细的扫描仪，其点云可达数亿个。

2. 密度高。扫描时，扫描间隔可通过仪器进行设定，一般可达毫米，为更真实建模，点云的采样密度在其精度内通常设置很高。

3. 非规则性。激光扫描仪是按照一定的方向和角度进行数据采集的，随着距离的增大，扫描角度越大，其点云间隔也会增大，再加上仪器系统误差和各种偶然误差影响，使得点云空间分布呈现非规则状。

4. 可量测性。通过点云数据可以直接量测每个点的三维坐标、点云间的距离、方位角等信息，还可以通过计算间接获取目标的表面积和体积信息。

2.2.2 三维激光扫描数据处理流程

三维激光扫描数据处理一般包括点云预处理、点云拼接、三维建模等主要内容：

1. 点云预处理

扫描仪采集的原始数据包括很多的噪声及冗余数据，在进行三维建模过程之前要经过数据预处理方可使用。点云数据预处理既要为三维模型的重建提供可靠的点云数据，同时又要降低模型重建的复杂度。点云预处理内容主要包括数据准备、数据检核、粗差剔除、点云精简以及点云模型生成，如图 2 –7。

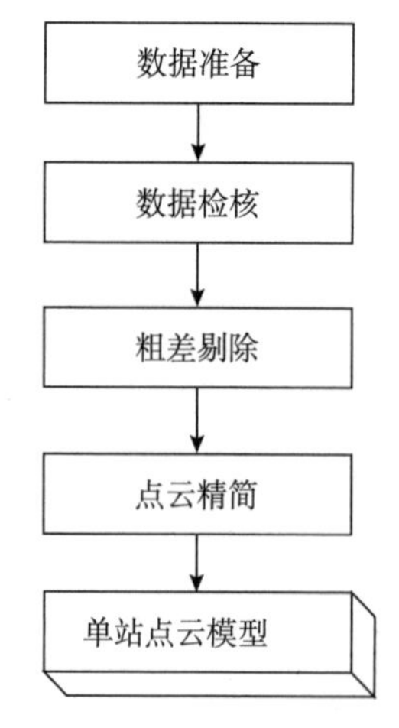

图 2 –7 点云预处理流程

（1）数据准备

从扫描设备中导出单站点云数据，单站点云数据导出的格式通常为·ptx 或·wrp。

（2）数据检核

点云数据是通过三维扫描仪直接获取的空间三维坐标信息，是未经任何处理的原始几何信息数据。在采集过程中，设备本身的缺陷或者人为扰动等因素避免不了产生噪声数据。同时，精密型三维扫描设备扫描过程中轻微的震动会使点云数据产生严重的分层现象，这就要求扫描过程中随时检查数据的精度及分层现象，量取点云间距是否满足要求，从而保证点云数据质量。

点云精度及分层现象的检查主要依靠第三方数据处理软件进行，通过切片法、局部点云拟合成三角形网格面等进行数据质量检查。

点云间距量取则根据最邻近点值法，量取两点间的空间距离，计算得出距离值 D，距离值满足D≤规定点云间距值。

（3）粗差剔除

对原始点云数据进行滤波及平滑处理，以去除与待重建的文物单体无关的噪声、飞点等干扰数据。

（4）点云精简

在保证待重建的文物单体的几何精确度的前提下，对原始点云数据进行必要的缩减处理，以降低点云数据融合和模型重建的复杂度。点云精简的算法有最小距离法、均匀采样法、包围盒法、均匀与非均匀网格法等方法。

（5）单站点云模型，经过上述一系列点云预处理，最终导出单站点云模型为数据拼站提供数据源。

2. 点云拼接

由于被扫描物体表面信息的复杂性、扫描设备的性能、扫描站点位置、扫描区域以及周围环境等因素的影响，往往需进行多站点数据采集方可获得完整的信息，而每站点云数据均为独立坐标系，因此，需要将其配准到同一坐标系下，实现数据的拼接。点云通过数据拼接后被纠正到统一的仪器坐标系下，为了获得点云数据绝对的地理位置，则需要增加地理参考，把仪器坐标系下的点云数据纠正到大地坐标系或地理坐标系下。通过测量获得标靶点或控制点的大地坐标，就可实现地理参考。

点云拼接：即数据配准或坐标配准。由于对某一目标的扫描，通常需要设置多个测站才能实现完整扫描，这样每一测站扫描数据都有各自独立的坐标系统，需要将这些不同测站的扫描数据纠正到统一的坐标系之下。每一测站的扫描数据，都是以本测站和扫描仪的位置和姿态有关的仪器坐标系为基准，需要解决的坐标变换参数包括七个：三个平移参数、三个旋转参数，一个尺度参数。常见的配准算法有：四元数配准算法、六参数配准算法、七参数配准算法、迭代最近点算法（ICP）及其改进算法等。为进行较高质量的数据配准，一般在扫描区域内设置控制点或者标靶点，使得相邻区域的扫描点云数据中至少有三个以上的公共点（同名控制点或者标靶点），通过公共点的强制附合，将相邻的扫描数据统一到同一坐标系下。特殊情况下，如不具备设置标靶点或控制点环境条件，则直接根据公共的点云进行拼接，但此方法下往往拼接精度不高。

（1）基于标靶的点云拼接

在扫描区域内，布设的标靶应在相邻两站连线的中点附近区域内均匀布设，且高低错落。使用磁性标靶、球形标靶或者纸质黑白标靶（因需要粘贴在扫描物上，精度较差），保证每两个扫描站之间至少有 3 个标靶通视（最好是 4 个标靶，1 个作为检查使用），利用通视的标靶点进行匹配拼接，其中球形标靶是通过选择扫描的球形标靶的点云数据拟合球形实体获取球心坐标进行拼接。

（2）基于控制点的点云拼接

根据扫描区域实际情况，首先建立扫描区域的首级控制网，为了达到更好的拼接精度，选用高精度的测量设备进行现场施测，如选用工业全站仪进行平面控制测量，数字水准仪进行高程控制测量。

最后，经过平差解算获取各个控制点的坐标（X，Y，Z）。扫描设备同时也获取相应位置的标靶点坐标，以控制点坐标作为基准，进行整体拼接。

（3）基于特征的点云拼接

基于特征的拼接方法是根据获取的特征点、特征线、特征面等进行的多视点云的匹配，在拼接过程中特征点的选取、特征线和特征面的提取为关键环节。在多站点云数据拼接的过程中，可以在单个扫描站点中提取共同的特征信息，从而实现了点云的拼接。

（4）迭代最近点（ICP）算法拼接

ICP 匹配算法是基于最小二乘的最优匹配方法，算法主要分为计算数据间的最近点对和计算对应点集之间的刚体变换两部分。但是，在实际的点云拼接应用中，周春艳等（2011）进行了 ICP 算法的改进研究，增加点集预处理，点对查找上增加各种限制，采用 Kd－tree 加速查找。

点云进行数据拼接完成后，局部也难免存在数据缺失的情况，但缺失的部位相对较少，如再进行其他站点数据的拼接，由于标靶或特征点的不完整性，可能会出现拼接后点云数据的局部分层现象。为了避免上述情况的发生，在拼接前，根据数据缺失情况，从新站点数据中截取缺失部位数据，利用三维建模软件相关功能进行数据补充，最终形成三维点云模型。

3. 三维建模

三维建模是指对三维物体建立适合于计算机处理和表示的数学模型。传统的三维建模方式为根据设计图纸运用 AutoCAD、3dsMax 等软件直接进行正向建模，此类建模的精度较低，工作量也大，无法满足人们对复杂曲面物体的建模需求。三维激光扫描能够获取复杂曲面的点云，使得精细三维建模成为可能。三维建模的主要方法包括：三角网格建模、NURBS 曲面建模、深度图像建模。

三角网格建模的核心是 Delaunay 三角剖分，构造一个包含所有散乱点的 Delaunay 三角形，并将此三角形放入三角形链表中，向初始化的 Delaunay 三角形中依次插入散乱点集中的点，完成一个点在 Delaunay 三角形链表中的插入，依次将所有点插入完毕，然后迭代该过程，直至点集中所有点处理结束，从而完成了网格拓扑信息的建立（纪志浩，2014）。

NURBS 曲面是由矢函数形式的参数曲面方程 $P=P(u, v)$ 生成光滑的曲面，通过对曲面片添加约束条件进行拼接而形成的几何模型。对于自由曲面复杂及造型要求逼真的对象，采用 NURBS 方法来进行曲面重构比传统的网格建模方式能够更好地控制物体表面的曲线度。NURBS 曲面建模方法比较适合规则物体建模，例如古建筑大木结构、管线建模、规则钢结构支撑建模等。

深度图像模型是根据散乱点云来生成深度图像。模型的生成是根据内插方法由参考点的坐标求出其他待定点的坐标。首先根据拟合的平面基准面参数获取基准面的旋转、平移参数，确定参考基准面所在的局部坐标系。其次，将三维点云投影到平面基准面上，计算出点云到投影面的距离值。再次，根据格网间距计算内插格网的行列数，然后对每一个格网进行内插，按照内插格网间距划分覆盖范围，生成等间距的规则格网。最后，根据局部坐标系的点云集合，按相对于平面基准面的距离内插这些点，即生成深度图像（黄慧敏，2013）。

针对石窟寺及石刻等不规则文物的建模，采用三角网格建模的方法效果更佳，其建模流程如下：

（1）确定建模区域

由于点云的海量性，特别是文物体量较大或扫描密度较高时，融合各个站点的扫描数据将包含数

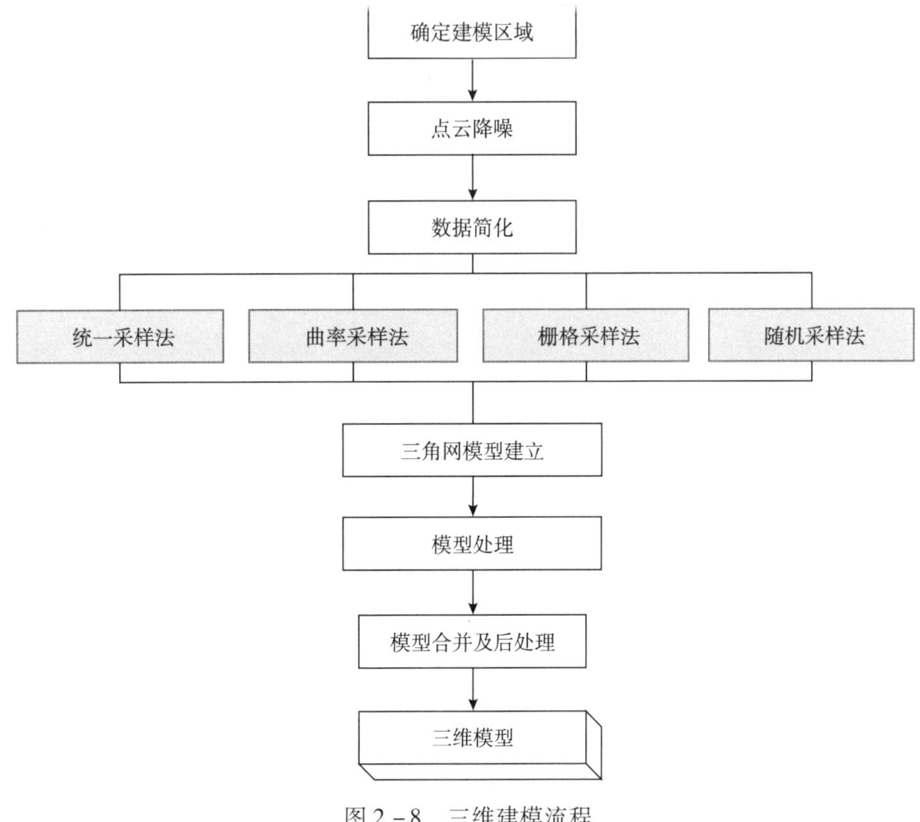

图 2－8　三维建模流程

千万至数亿个点，目前计算机性能水平很难一次性地完成所有的数据处理。因此，需要确定建模区域，对拼接完成的点云进行分块处理与建模。

（2）点云降噪

三维激光扫描仪获得的是基于仪器坐标系的三维坐标数据，为无属性的离散“点云”数据。这些点云数据包含了大量由于局部跳变数据、前景遮挡数据以及无回波信息的局部空洞原因所造成的粗差和系统误差，不能直接被使用。因而需要进行点云降噪操作，尽可能去除“噪音数据”。利用相关专业软件，选取待处理点云数据的部分区域，选用棱柱形、自由曲面形状两种方式拟合平面，观察点云降噪效果。如图 2－9 所示，曲面方式降噪效果较明显，且平滑度参数设置越大，拟合平面越平滑。实施过程中，我们应根据实际需要，设定曲面平滑度参数，尽可能接近物体表面形状。

（3）数据简化

利用三维激光扫描仪获取了大量高精度的三维点云数据，其中包含很多冗余信息，冗余信息对模型建立或特征提取没有帮助，且过于庞大的数据量会影响点云模型的处理、绘制和传输等，进行三维点云数据的简化是十分必要的。三维点云数据模型简化的主要内容是在不影响模型特征表达和保持一定精度的情况下要对数据进行精简，减少三维点云数据量，提取有效信息。

点云数据简化最常用的方法是采样法，即按照一定规则对原始数据点云进行采样，保留采样点，其他点忽略。目前我们使用的数据处理软件中，按照不同的采样规则，提供了四种采样方法：统一采样法、曲率采样法、格栅采样法、随机采样法。

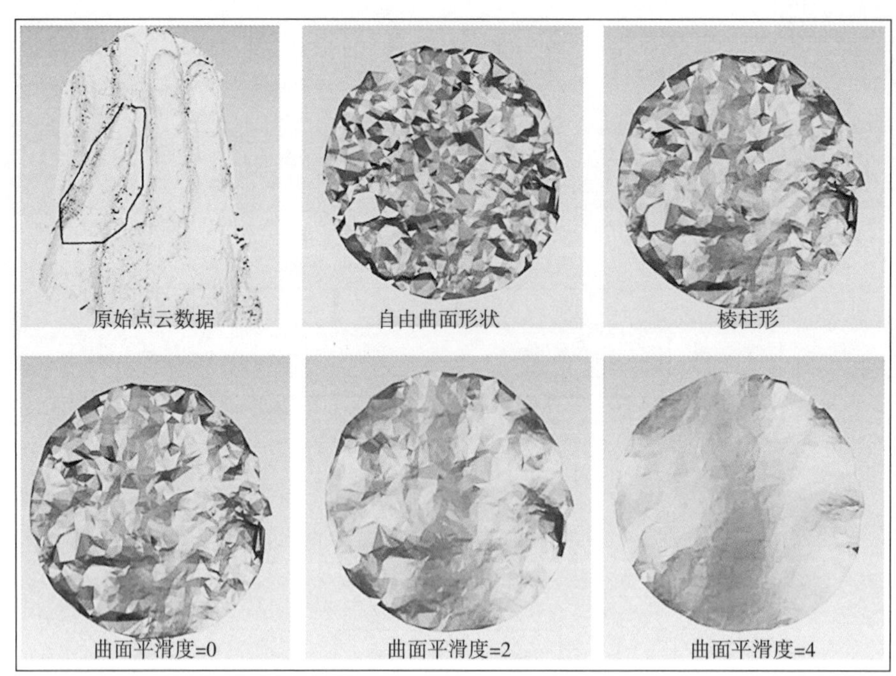

图 2－9　点云降噪效果示意图

①统一采样法：使平坦曲面上点数目减少量一致，以规定密度减少曲面上的点数目。

②曲率采样法：减少平坦区域内的点数目，但保留高曲率区域的点以保留细节。

③格栅采样法：通过设置均匀的间距，不考虑曲率和密度，来减少无序点云的数量。

④随机采样法：从无序点对象中随机移除一定比例的点。

统一采样法、格栅采样法、随机采样法计算简单，能得到相对分布均匀的简化结果，适用于点云数据模型比较平坦、曲率不明显情况。相反，曲率采样法能根据文物表面曲率分布情况，平坦处数据较少，尖锐特征处保留较多数据，以表达文物细节特征。

（4）三角网模型建立

对数据预处理完成的点云数据进行三角剖分，重建其三维网格模型。为增强真实感，对细部特征进行单独精细建模，从而保证几何形态的准确性，提高模型精度，如图 2－10。

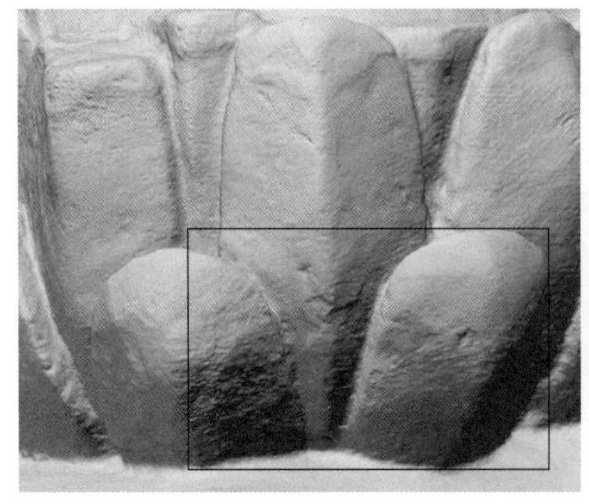

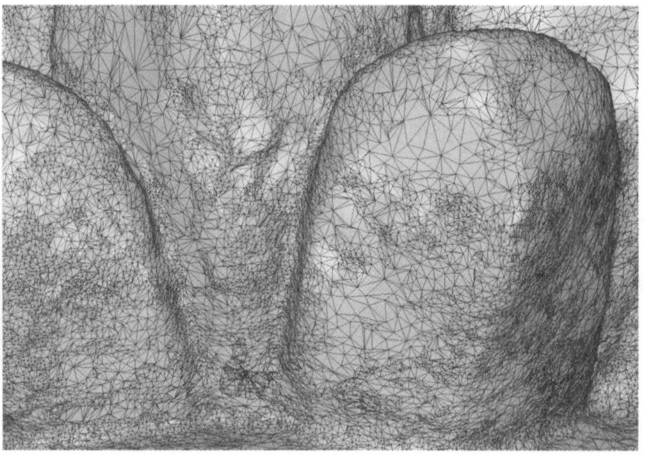

图 2－10　三角网模型

（5）模型处理

由于三维扫描仪对实体模型表面进行扫描时，常常由于模型表面的自遮挡及镜面材料等原因，使扫描数据中包含有比测量噪声更多的人工痕迹。如：大块的空隙或采样不足；测量过程中，常需要一定的支撑和夹具，模型与夹具接触的部分，就无法获得真实的坐标数据；在设计软件中，根据曲面或者实体模型产生的网格模型也会存在缺陷；在模型的数字化过程中，由于局部出现大量噪声，所得数据往往存在一些不应有的孔洞。因而，需利用三维软件进行模型孔洞修补操作。

无论何种原因造成的孔洞，其与周围点云之间都存在一定的联系，因为孔洞所在部位与周围曲面之间具有一定的连续性。目前三维软件正是对依据孔洞与周围点云的关系提供了三种孔洞修补方式，分别为曲面填充、切面填充、平面填充，如图 2－11。其中，曲面填充指定新网格必须匹配周围网格的曲率；切面填充指定新网格必须匹配周围网格的曲率，但具有大于曲率的尖端；平面填充指定新网格大致平坦。

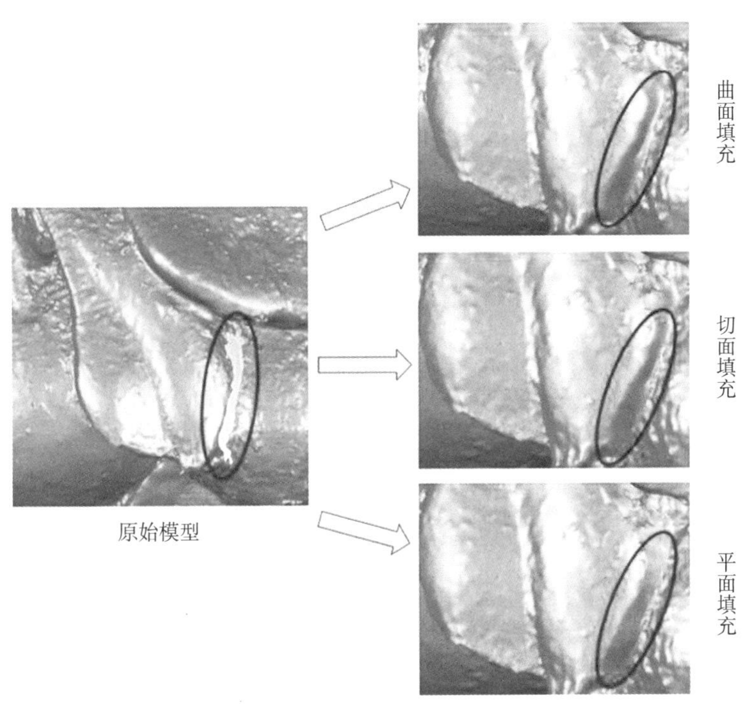

图 2－11　孔洞修补方法比较

（6）模型合并及后处理

数据分割后单独建立的模型要使用三维软件来进行模型合并处理。合并完成的模型还需进行模型后处理，相关专业软件中提供了诸如网格医生、边界修剪等功能。其中，网格医生通过选取三角网模型中存在的非流形边、自相交、高度折射边的三角形，或钉状物、小组件等问题，对其进行自动修复，减少由构网算法造成的模型三角网错误现象。边界编辑功能可实现对模型边界进行松弛、直线化、细分等操作，使模型边界更加平滑。通过模型后处理，可保证模型质量及效果，为后续三维彩色模型制作提供基础数据。

（7）三维模型输出

经过上述一系列的模型处理，按照具体工作需求和格式要求，输出三维模型成果。

2.2.3 三维数据处理常用软件

除了硬件外，软件也是三维激光扫描系统的重要组成部分。目前，点云格式与三维扫描设备相关，即通常以公司内部格式存储，用户需要用原厂家的专门软件来读取和处理。常用的点云数据处理的软件分为两大类，一是扫描设备自带的数据处理软件，主要用于获取数据，也可以对原始点云进行一般处理，如数据拼接及规则形状模型的建立，如徕卡扫描仪的 Cyclone，Riegl 扫描仪的 Riscan Pro，Trimble 扫描仪的 Trimble RealWorks，Faro 扫描仪的 Scene，Optech 扫描仪的 Iris - 3D 等软件；另一种则是来自于第三方的专业数据处理软件，主要用于点云数据的专业处理，如点云影像可视化、点云编辑、点云拼接、三维建模、纹理分析及数据格式转换等，如 Geomagic、Polyworks、3ds max、Imageware、ZBrush、SketchUp 等。

以下介绍几种常用的三维数据处理软件：

1. Leica Cyclone

在数据采集过程中，使用软件可以查看数据扫描质量、控制扫描窗口。扫描完成后还可进行数据的拼接。

瑞士徕卡测量系统发布徕卡 Cyclone 7.0 软件。新版本的软件允许 HDS 用户在测绘和制图工程中利用激光扫描技术来生产正射影像和工程放样。从而丰富了激光扫描系统的工程适用性，同时也降低了各种测量和制图工程的费用。Leica Cyclone 软件是三维激光扫描领域内的主流软件系统，该软件是 HDS 扫描仪的配套软件。用户使用该软件可以高效率地控制徕卡测量系统的多种 HDS 扫描仪。使用该软件用户可在工程测量、制图及各种改建工程中处理海量点云数据。

Leica Cyclone 三维数据处理软件的主要特点：

（1）提供 Cyclone - SCAN、Cyclone - REGISTER、Cyclone - MODEL、Cyclone - SURVEY、Cyclone CloudWorx 等供不同应用操作模块。

（2）输出二维或三维图，线画图，点云图，三维模型。

（3）ASCII 坐标数据等可控制 Leica 扫描仪完成点云数据采集自动扫描测量标靶。

（4）设置照相机曝光和分辨率。

（5）依据标靶、特征面以及点云实现点云拼接。

（6）具有强大的数据分块处理功能，数据采集批处理功能。

（7）具有海量数据管理功能（可支持 10 亿点以上的数据管理）。

（8）根据点云自动生成平面、曲面、圆柱、弯管等实现三维管道设计，自动构网和生成等高线，依据切片厚度生成点云切面。

（9）用 CloudWorx 模块可在 AutoCAD 或 MicroStation 中处理点云数据，可以输出 DXF、PTX、PTS、TXT 等多种数据格式。

（10）新的正射影像功能，在渲染点云的同时用户可以输出正射影像。CAD 用户可以在纠正后的影像上精确跟踪得到高精度的二维线画图。摄影测量系统中的漫长而复杂的工作流程，现在无缝地整合到了 Cyclone 强大的三维点云系统之中。细节丰富的古建筑正立面图 、工厂改建工程中复杂的机器图形，以及传统航空摄影测量得到的地形图都可以在 Cyclone 中结合点云来获得。

2. Riscan Pro

Riscan Pro 是 Riegl 公司为配合 VZ 系列三维激光扫描仪在数据采集、数据后处理等方面所配备的软件，以树状结构方式系统的将用户的测量数据、影像、坐标系统完整地存储在 Riscan Pro 软件中，以方便用户的浏览、编辑、查阅。该软件提供了扫描控件，可实现数据采集、数据可视化、点云数据配准、数据输出等功能。通过设置扫描范围、扫描精度等参数获取目标区域数据，并可将对象数据导出成几种比较通用的文件格式，如 ASCII、ASC、OBJ 等，这为点云数据运用外在工具或算法进行后期处理提供了方便。软件也具备一定的表面建模和纹理映射等数据处理功能，但由于技术的限制此功能并不完备或应用起来有一定的局限性。

软件主要特点如下：

（1）可方便地对扫描范围、精度等扫描参数进行设置。

（2）可自动识别、提取、匹配反射体（片）进行配准。

（3）自动计算扫描仪与数码相机坐标系之间的转换关系。

（4）对点云的拼接可人工粗配准后由软件完成。

（5）可导入全站仪、GPS 等外部测量设备的测量数据，提高测量精度，方便地进行各种坐标系转换。

（6）点云数据能以多种格式输出，如 ASCII（*.*）、Autocad（*.dxf）、Wavefront（*.obj）、VRML（*.wrl）、PLY（*.ply）、STL（*.stl）、Cyclone pts（*.pts）等多种数据格式。

3. Trimble RealWorks

TrimbleRealWorks 是 Trimble 推出的一款数据处理的软件，它可实现从空间成像传感器导入丰富的数据，并转换为三维成果。同时，它还可以管理、分析和处理百万点的大型数据文件，将采集的点云数据进行配准、成像、浏览和处理，最终生成 2D 及 3D 成果，直接输出或导出到诸如 AutoCAD 和 MicroStation 的 CAD 包中。

软件的功能特点如下：

（1）大型数据库管理系统，可方便地管理大量的点数据库，用户可将大的项目分成数据子集。同时，还能在屏幕上显示磁盘过滤状态，选择区域比例进行细分，并检查存储能力。

（2）提供配准功能，基于点云、目标或者已知点的方法，还可生成质量控制报告。

（3）管理、处理和分析庞大的数据集，方便地把数据导出到 CAD 设计包中。

（4）采用视频图像共享工作，进行项目审核。

（5）通过视频生成和 Google Earth 导出（kml 格式）来提交成果。

（6）先进的检测、生成曲线/横断面、3D 点/3D 多义线、容积/表面积计算、等值线表示偏差等功能模块。

（7）建立 3D 模型，用于显示、计算以及限定其他因素等。

（8）可创建要素代码，可直接输出到 AutoCAD 和 MicroStation 中，或者链接到标准目录。

（9）多面正射投影，在连续正面上生成系列的正投影图，可输出到一个 DXF 文件中，每一个正投影图作为一个 geo-TIFF 文件输出。

（10）直接打印输出，或者输出到 CAD、文本以及电子数据表格报告，更方便、快捷输出成果等。

4. Polyworks

Polyworks 是由加拿大的 InnovMetric 软件公司开发的在 3D 测量领域应用的软件，它支持海克斯康的全系列硬件设备，包括关节臂、跟踪仪的硬测头测量，以及搭载扫描头的扫描测量。Polyworks 是集扫描、点云检测、硬探测为一体的综合测量软件，同时包含逆向建模，快速铺面等逆向工程的功能。

（1）硬探测模块（PWIP），具有高级蛙跳、多位置设备管理、温度补偿、坐标体系创建、各类对象的探测测量等功能，适用于大型扫描工程。

（2）检测模块（PWIMSH），支持高密度点云扫描、点云处理、点云检测分析等功能，也支持从点云生成三角网模型。

（3）逆向模块（PWMN），具有高密度点云扫描、点云处理、逆向建模、快速铺建 NURBS 曲面、三角化模型编辑、CAD 曲面重构等功能。

（4）全模块（PWMIN），是一个集硬探测和点云扫描检测为一体的测量、逆向工程平台。

5. Geomagic Studio

Geomagic Studio 是由美国 Raindrop 公司出品的逆向工程和三维检测软件，它可以将扫描得到的点云数据创建出完美的多边形模型和网格，并可快速转换为 NURBS 曲面，建模效率较高。Geomagic 中有三个密不可分的作业流程：点云的处理（如采样、去除坏点和冗余点、分割等）；多边形模型的创建、编辑和网格模型的生成；对网格的参数化和 Bezier 或 NURBS 曲面拟合。因此在系统处理数据过程中，多边形模型出现过大、过多的破洞，点云密度不够，质量达不到要求都将严重影响后续构建曲面的效率和质量，甚至无法创建多边形模型。

Geomagic 遵循的是快速式曲面造型方式，引入快速式曲面造型方式可以克服传统式曲面造型方式需投入大量建模时间和熟练建模人员的参与等缺点。一个完整的多边形网格化处理过程如下：

（1）从经过预处理的点云中重建出三角网格曲面。

（2）对这个三角网格曲面进行分片，得到一系列有四条边界的子网格曲面。

（3）对上述得到的子网格逐一参数化。

（4）用 NURBS 曲面片拟合每一片子网格曲面，得到保持一定连续性的曲面样条，由此得到用 NURBS 曲面表示的 CAD 模型。

（5）模型的输出格式适用于 CAD 相关软件进行后续处理。

2.3 三维激光扫描技术在文物保护中的应用

2.3.1 主要优势

1. 安全性高：通过对文物进行非接触、无损方式测量，还能实现不可到达目标的远距离测量，所见即所得，有力地保障了文物与人员的安全性，符合文物保护中“最小干预”的基本原则。

2. 精密度高：三维激光扫描仪具有高精度和高密度特性，目前三维激光扫描仪最高精度能达到几十个微米，最高密度也能达到几十个微米，因而能实现任何复杂异形文物的全方位信息采集。

3. 效率高：三维激光扫描仪以扫描方式工作，具有极高工作效率，目前三维扫描仪每秒可测点数达几千到上百万，大大降低了野外数据采集强度，尤其在抢救性文物保护工程中能有力保障其时效性与安全性。

4. 应用前景宽广：三维扫描数据可作为一类珍贵资料予以永久存档，随着其他应用技术的逐渐提高，并根据文物保护具体需求而进一步对数据进行加工处理，可为保护工程设计、考古研究、虚拟修复或复原、监测、数字展示等提供有力支持。

2.3.2　应用方向

三维激光扫描技术在文物保护中的应用逐步深入，随着与不同文物保护需求结合紧密性的提高，已逐渐被业内视为文物保护工作中不可或缺的一项实用技术。根据文物保护的不同应用领域而分，主要包括以下几个方面：

（1）文物信息记录与存档：文物信息记录与存档（Recording and Documentation），是国际上对于古迹保护最基础的重要工作。为此，国际古遗址协会（ICOMOS）和国际摄影测量与遥感协会（ISPRS）联合成立国际遗产记录科学委员会（CIPA，The International Committee for Documentation of Cultural Heritage），旨在跟踪科技前沿并利用先进技术进行遗产的保护、教育及宣传。三维激光扫描技术被CIPA重点关注，围绕三维激光扫描技术的应用多次举办专题学术会议或讨论会。在国内，针对不同文物进行了信息记录与存档应用，蔡文杰等（2009）人利用三维激光扫描技术进行了西藏壁画信息留取与病害调查中的应用，云冈石窟借助三维激光扫描技术建立了“数字档案”（王恒，2011；田继成等，2014）。

（2）考古制图：根据考古工作要求，需要绘制各种平面、立面、剖面图、透视图及线划图等。陈鑫等（2012）进行了三维激光扫描技术在田野考古中的应用，刘江涛（2007）利用三维激光扫描技术进行了考古勘探应，旷中平（2014）进行了基于地面三维激光扫描技术在考古遗址中的应用研究，谭登峰等（2013）运用三维激光扫描仪进行了四川石窟寺考古测绘，刘广辉等（2013）利用地面激光扫描技术用于考古发掘的研究。

（3）虚拟修复/复原：根据三维激光扫描数据建立文物的逼真数字模型，在此模型上进行修复或复原，供修复专家比选，一定程度降低了不当修复的发生率，也符合文物保护的“最小干预原则”。吴育华等（2013）利用三维激光扫描技术进行了大足石刻千手观音造像的虚拟修复，黄先锋等（2010）基于三维扫描等多源数据融合进行了敦煌莫高窟的三维重建。

（4）辅助文物保护工程设计：基于三维扫描数据，结合文物保护工程设计需求，可制作方便、实用且精度高的模型及图件。汤羽扬等（2011）进行了三维激光扫描数据在文物建筑保护中的应用探讨，廖紫骅等（2013）进行了三维激光扫描测量技术在古建筑维修保护中的应用，杨蔚青等（2012）进行了三维激光扫描技术在土遗址保护中的应用，贺艳等（2008）利用三维扫描技术对圆明园九州清晏景区桥梁遗迹进行了保护设计。

（5）文物数字展示：通过三维扫描数据可制作更为逼真的文物三维模型，且通过相关技术能实现互动性操作，为文物的数字展示带来契机。尤其是党的十八大以来，习近平总书记站在实现中华民族伟大复兴的战略高度，对文物保护多次做出重要指示和批示，其核心内容之一就是让文物“活”起来，而三维激光扫描技术为展示文物的“活”提供了重要工具。张序等（2012）利用三维扫描技术对苏州虎丘塔、古城进行了数字化表达；陶涛（2014）以大足石刻千手观音造像为例研究文物数字三维展示，实现了三维模型的浏览、交互、处理以及多媒体信息介绍等展示功能。

（6）遗产监测：遗产监测预警是指监控和评估可能对遗产价值造成威胁的自然和人为因素的变化情况，并预先发出警示信息，以便于保护管理机构及时采取相应的处置措施，有效防范风险。相关实践证明，三维激光扫描技术对于变形监测具有很好的应用前景，能将传统的基于点位的局部监测优化至面状的全面监测（张喜妮，2012；吴侃，2011；戴华阳，2011；陈致富，2012；李俊连，2013）。

（7）其他应用：文物保护的多样性需求使得三维扫描的应用更趋广泛，如对于海量点云数据的管理与挖掘亦成为重要应用方向（薛晓轩，2014；宋红霞等，2014；周华伟等，2013），在地震等灾害的文物救急中，亦可通过三维扫描快速获取现状并实施重建（侯妙乐等，2009）。

2.3.3 工作程序

文物三维激光扫描一般包括现场踏勘、方案制定、外业数据采集、内业数据处理、成果应用等工作环节（见图 2 - 12）。

1. 现场踏勘

现场踏勘主要包括：了解文物保护需求、文物本体的尺寸结构等基本特点、文物所处环境状况，初步确定设备，核算工作量，并收集相关资料等。

2. 方案制定

根据文物保护需求及现场踏勘制定三维扫描具体工作方案，主要内容包括：工作目标和内容、工作依据、外业数据采集方案、内业数据处理方案、成果应用、质量检查、人员组织与安全保障、时间规划、经费预算等。

3. 外业数据采集

外业数据采集主要包括：现场准备，设备选定，密度确定，人员组织，点云数据采集、纹理数据采集，数据检查与存储等。

4. 内业数据处理

内业数据处理主要包括：数据准备，点云预处理，点云拼接，三维建模，纹理贴图，质量检查与存档等。

5. 成果应用

根据文物保护具体需求，制作相关图件及专题模型。

2.3.4 相关案例

中国文化遗产研究院作为国家文物局直属的文化遗产保护科学技术研究机构，其中一项主要职责是开展文化遗产保护应用技术研究与推广科学技术研究成果，为此，中国文化遗产研究院积极在文博系统领域引入三维激光扫描技术，并持续进行文物保护应用研究工作，截至目前结合文物保护工程已开展相关项目二十余项，在文化遗产保护应用中具有一定代表性。主要包括：

1. 大足石刻千手观音抢救性保护工程三维信息留取与效果展示

大足石刻是珍贵的世界文化遗产，位于重庆市大足区内，其宝顶山大佛湾第 8 号龛—— 千手观音是我国最大的集雕刻、泥塑、贴金、彩绘于一身的立体型摩崖石刻造像，开凿于宋代，是同类题材中的登峰造极之作，被誉为“世界石刻艺术之瑰宝”，具有极高的历史、科学和艺术价值。2008 年汶川

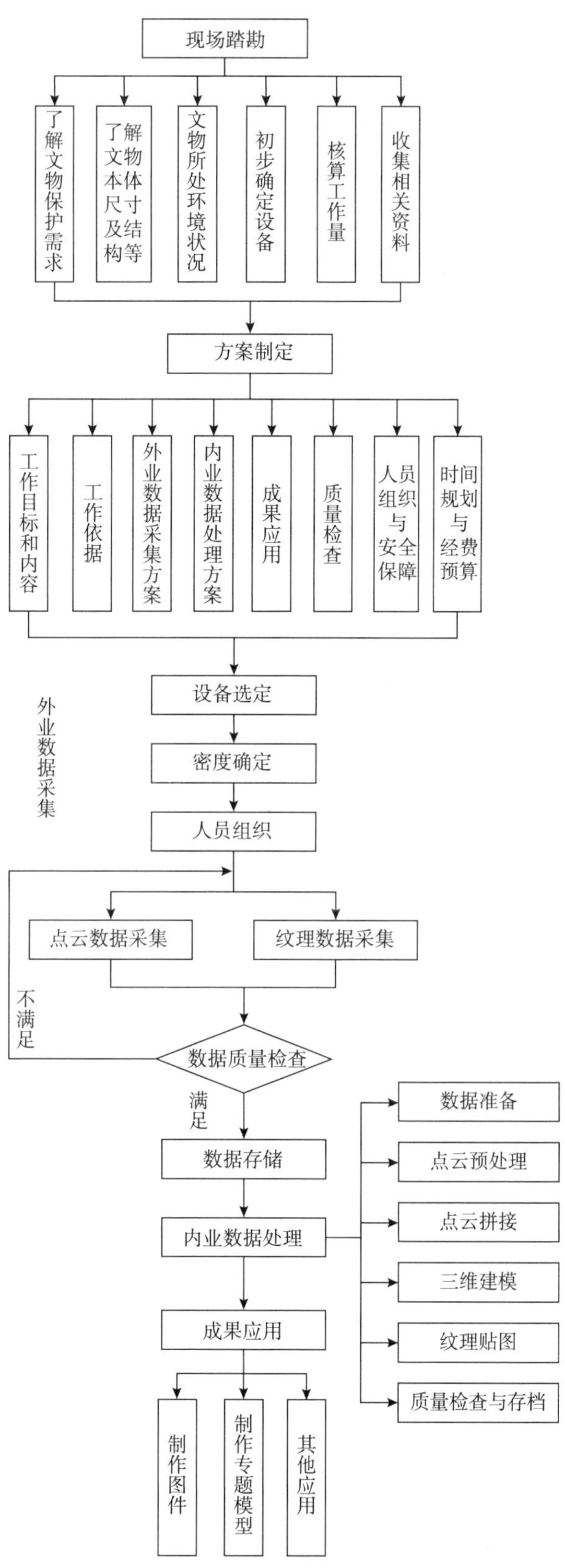

图 2－12　文物三维激光扫描工作程序

地震后，大足石刻千手观音被列为“国家一号石质文物保护工程”。在千手观音的保护修复过程中实施三维扫描，主要目的与作用包括：

（1）实现翔实信息留存

①原始信息永久存档（包括高精度几何信息和色彩信息），如图2-13。

图2-13　千手观音原始点云

②用于复原展示（包括复制品制作和数字展示），如图2-14。

图2-14　千手观音主尊三维打印

③提供形态和尺寸数据（包括面积、体积、残损率等精确量算）如图2-15。

④为其他相关保护工作提供模型和数据源（包括修复效果跟踪监测、病害检测、信息数据库管理系统建设），如图2-16。

千手观音主尊各部位表面积量算		
序号	部位	表面积（m^3）
1	花冠	1.157
2	头发	0.083
3	飘带	1.015
4	脸部	0.808
5	主干	2.87
6	4-6-S2-S3	0.638
7	4-6-S1	0.362
8	4-7-S1	0.391
9	3-6-S4-S5	0.334
10	3-6-S1	0.248
11	3-7-S2	0.23
12	3-6-S2-S3	0.367
13	3-5-S5	0.143
14	3-7-S3	0.142
15	莲台	4.652
16	左胁侍	0.962
17	右胁侍	1.015
18	其他	5.836
总计		21.253

图2-15　千手观音主尊精确量算

图2-16　千手观音整龛修复尺寸数据量算

（2）辅助虚拟修复

①可提供虚拟修复效果模型和相关尺寸数据（提供修复方案参考和辅助决策）。

②为实际修复提供参考（包括缺损部位的形态参考，可提供多角度真实尺寸的二维图件）如图2－17、图2－18。

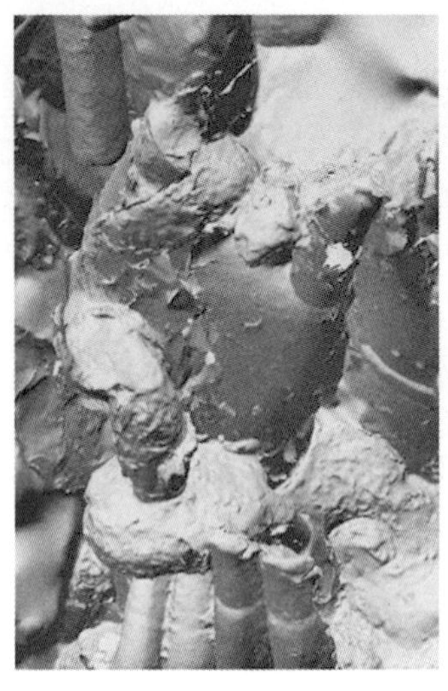
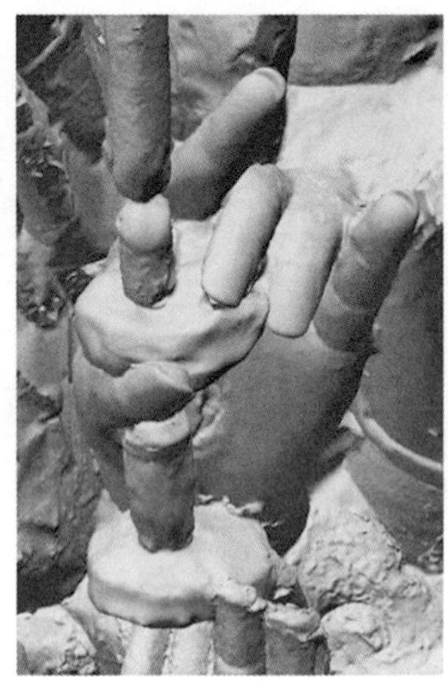
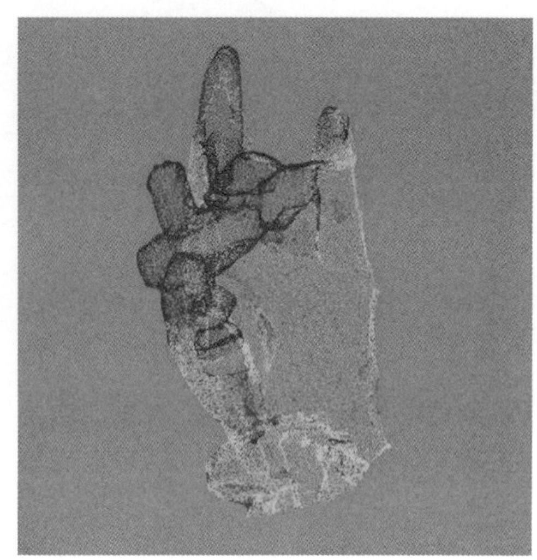

图2－17　单只手虚拟修复

2. 潼南大佛保护修复工程

潼南大佛位于重庆市潼南县，通高18.43米，胸围8.25米，是目前中国最大的室内通体贴金佛像，佛头凿于唐咸通元年，佛身凿于宋代，被列为第六批全国重点文物保护单位。因病害严重，于2009年开展了历史上第五次保护修复工作，三维扫描技术在整个保护修复过程中，特别是头部发髻的修复中发挥了重要支持作用，主要包括：

（1）实现了大佛保护修复前后的翔实文物信息留取，如图2－19、图2－20。

（2）实现了大佛病害图绘制与病害面积精确统计，如图2－21。

（3）通过虚拟修复实现了发髻的科学复原，这是三维扫描技术在本项目中的最大亮点之一。因大佛头部发髻体量大，残损严重，人工修复时难以把握尺寸和形态，根据三维扫描数据利用最小二乘法原理拟合出发髻中心点，采用数理统计算法寻找发髻分布规律，依据理论数据进行发髻虚拟修复，提供了若干虚拟修复效果，供专家比选，

图2－18　单只手虚拟修复尺寸图

图2-19 潼南大佛点云模型与三维模型

图2-20 潼南大佛修复前后正射影像图

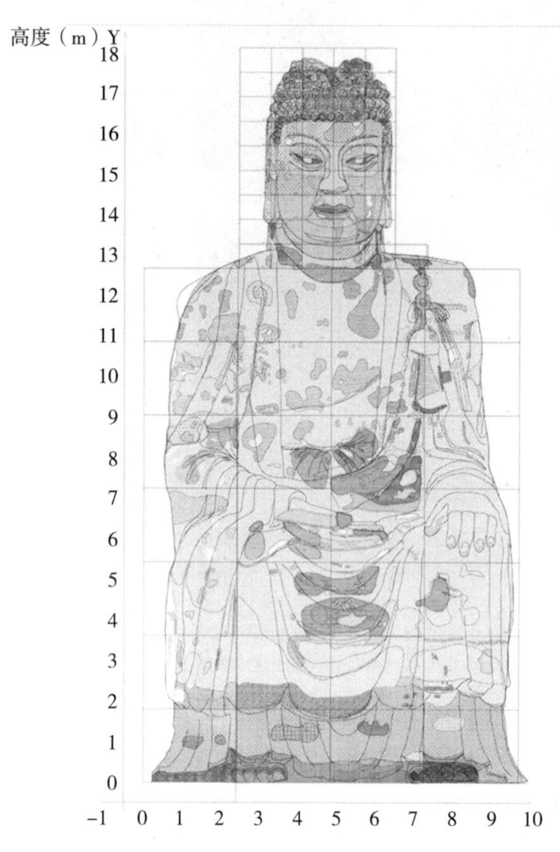

属性	名称	病害面积（m^2）	占石质总面积比例（%）
大佛石质	表面附着物	31	24.1
	粉化	16	12.1
	空鼓	13	9.8
	脱落	3	2
	生物病害	0.04	0.03
	渗水	8	6.5
	裂隙	4m（以长度计）	
	合计	71.4（石质总面积为128.5m^2）	
大佛彩绘	表面附着物	50	45.2
	点状脱落	24	21.7
	片状脱落	9	8.2
	起翘	8	7.3
	粉化	8	7.5
	水渍	7	6.1
	动物病害	0.3	0.3
	生物病害	19	17.2
	龟裂	0.4	0.4
	开裂	1.0m（以长度计）	
	合计	128.5（彩绘总面积为111.7m^2）	
大佛金箔	表面附着物	113	78.6
	点状脱落	51	35.7
	片状脱落	9	6.3
	起翘	22	15
	分层开裂卷曲	17	11.5
	水渍	5	3.2
	空鼓	8	5.2
	开裂	54m（以长度计）	
	合计	224（金箔总面积144m^2）	

图2－21　潼南大佛病害面积统计

并在实际修复中，为修复人员提供了尺寸依据，如图2－22。修复完成后，再次进行整体三维扫描，依据三维数据精确量测获得潼南大佛高度为18.43米，与历史记载高度吻合，一定程度上反映了修复尺寸把握的科学性。

3. 哈尔滨圣索菲亚教堂三维测绘

索菲亚教堂是目前中国保存最完整的典型拜占庭式建筑，建筑平面呈希腊十字方式布置，建筑面积721平方米，整个教堂分成四层，高度48.55米，为哈尔滨的标志性建筑，1996年经国务院批准列为第四批全国重点文物保护单位。历经百年沧桑的教堂亟待维修。由于该建筑体量大，属于非规则的建筑，且游人较多，故在本项目利用三维扫描、近景摄影等技术进行了现状测绘，留取了翔实历史信息（见图2－23、图2－24），为维修设计提供精准尺寸与基础图件（见图2－25、图2－26）。值得一提的是，根据三维扫描而建立的模型为教堂的稳定性力学分析提供了精确数据支持，如图2－27。

4. 蒙古国科伦巴尔古塔保护工程三维激光扫描测绘

科伦巴尔古塔坐落在蒙古国东方省境内，建筑呈八边形布置。现存塔高度17.670米（依据三维激光扫描数据），塔体存在多种病害，亟待维修，被我国列为援助蒙古国国际文物保护的重要项目之一。

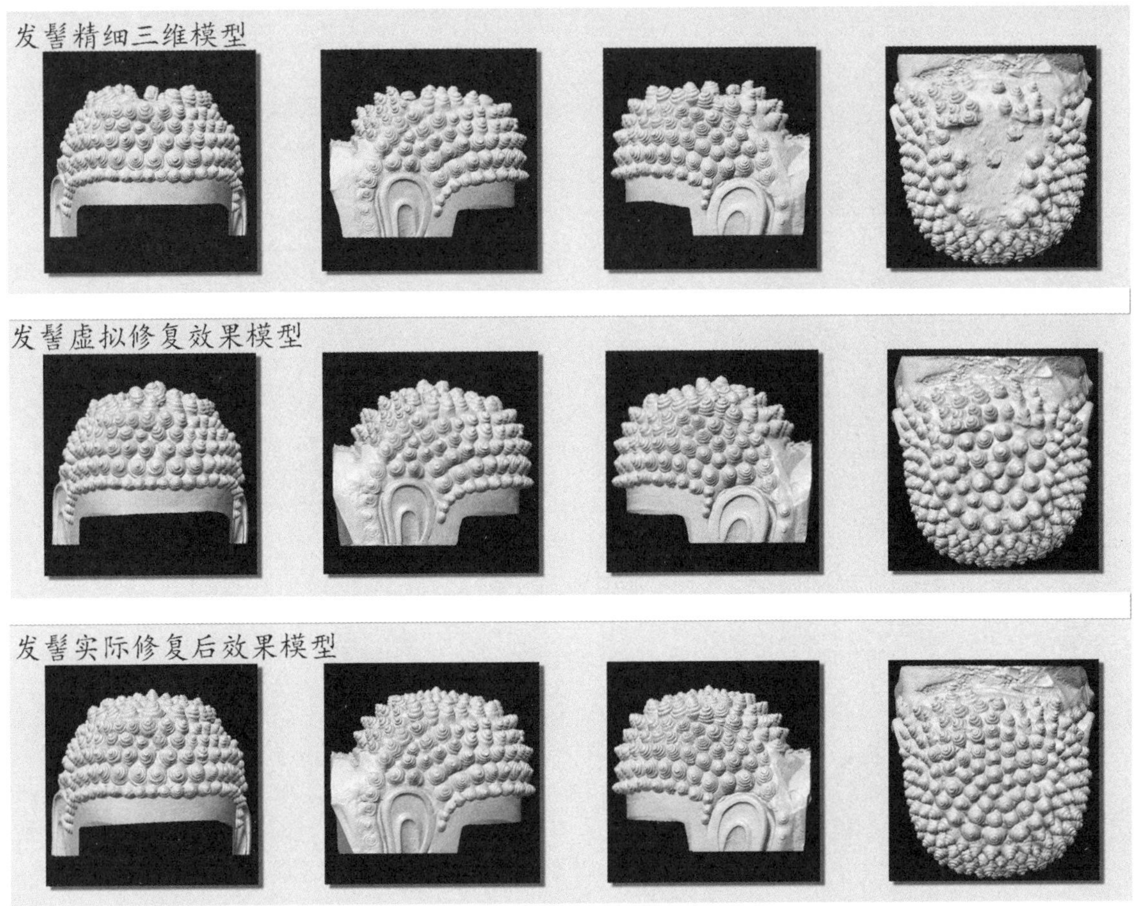

图 2－22　发髻虚拟修复效果图

图 2－23　索菲亚教堂三维点云模型

图 2－24　索菲亚教堂三维模型

图2-25　索菲亚教堂正射影像图

图2-26　索菲亚教堂线划图

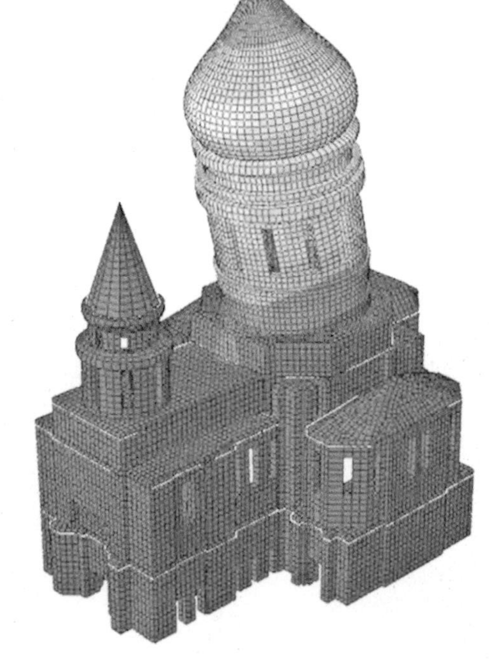

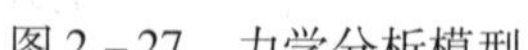

图2-27　力学分析模型

由于古塔破损严重，属非规则堆砌建筑，加上该塔现处在人迹罕至的大草原上，野外工作条件相对不便，常规的测绘技术难以高效地获取其真实的现状信息。在本项目中采用了三维激光扫描技术，主要作用在于：实现了古塔翔实信息的采集（图2-28），绘制了数字正射影像图、平立剖面图等维修工程所需图件（如图2-29、图2-30、图2-31），并辅助进行了结构稳定性分析，为维修工程实施奠定了基础，也向国际上展现了我国作为文物大国在文物保护领域中的高科技水平。

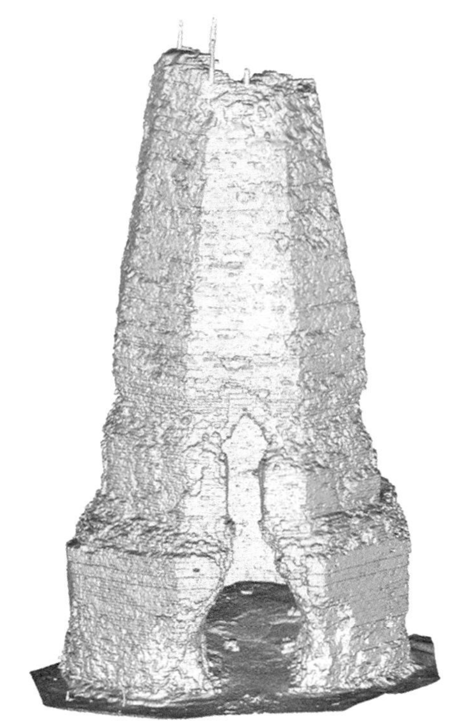

图 2－28　科伦巴尔古塔三维扫描点云模型

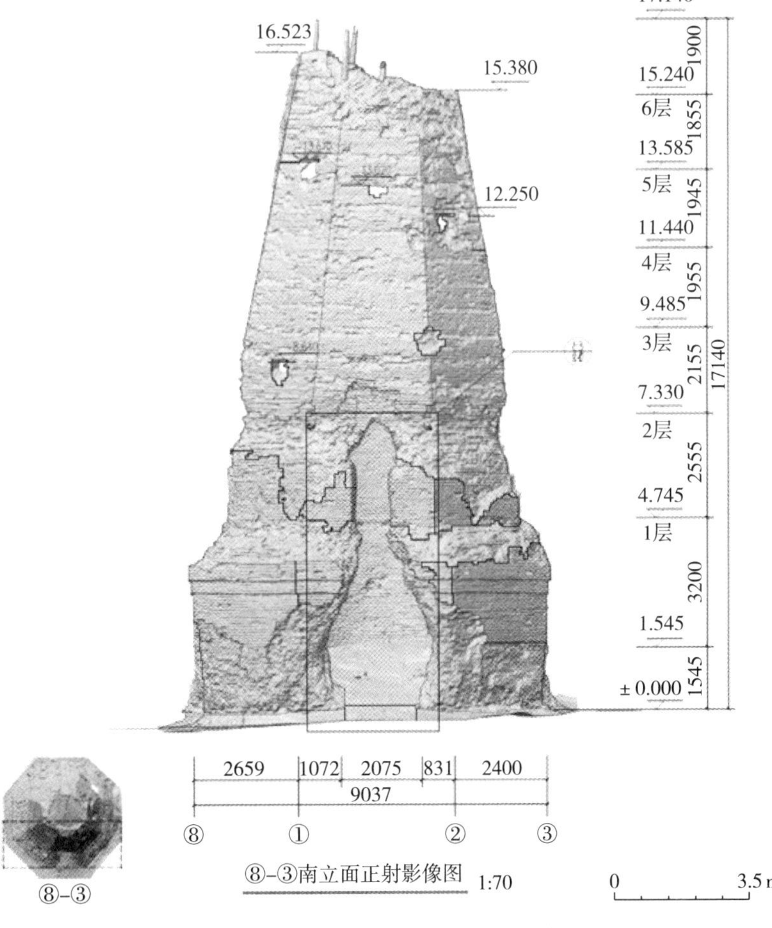

图 2－29　科伦巴尔古塔正射影像图

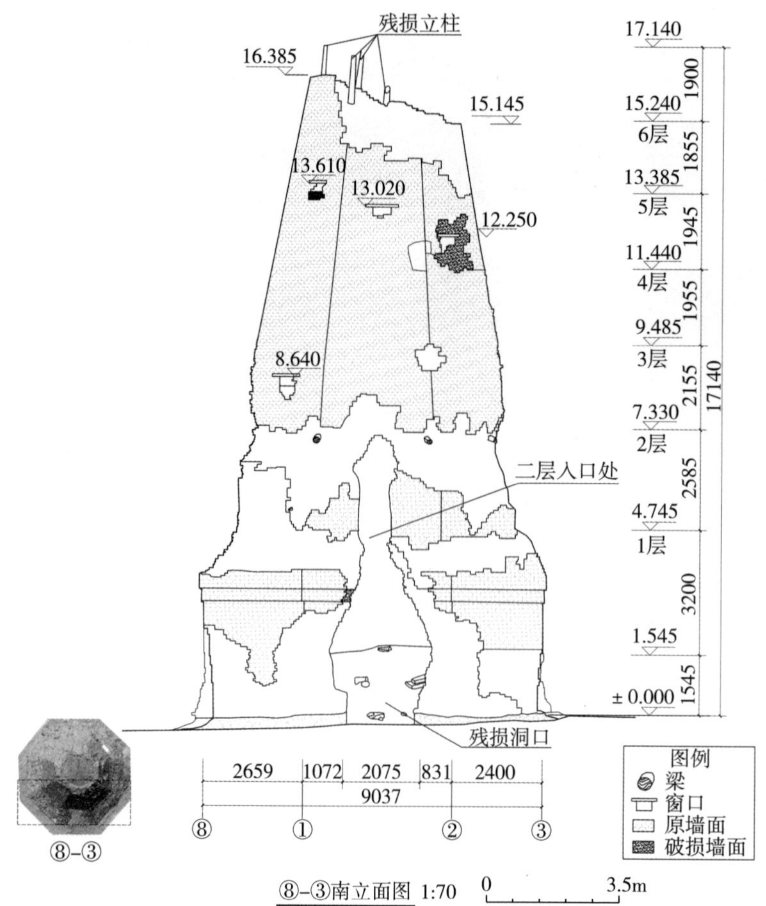

图 2－30　科伦巴尔古塔线划图

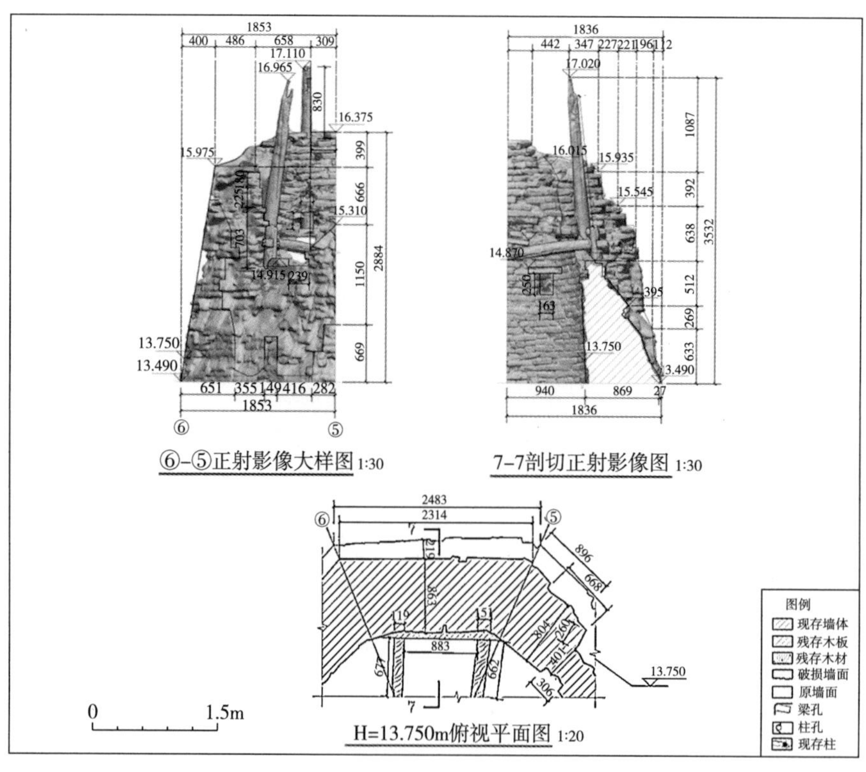

图 2－31　科伦巴尔古塔正射影像大样图

5. 南朝陵墓石刻三维扫描测绘

南京南朝陵墓石刻分布在南京市郊和邻近的江宁、句容和丹阳县，共有32处，其中帝王陵11处。南朝陵墓石刻，形体硕大，造型生动，显得精美细致，灵动威武，集中体现了民间雕刻艺术家卓越的艺术造诣。南朝陵墓石刻大多立在乡野农田中，由于人为破坏、战乱扰动、自然侵蚀、雷电击打等外在因素和岩石本身风化等，大部分石刻遭到不同程度的损毁和散失，亟待保护。中国文化遗产研究院承担了南京南朝石刻的保护规划编制项目，与传统规划有所区别的是，在项目中利用三维激光扫描技术进行了南朝陵墓石刻的重点测绘，使得规划既有宏观性又具微观性，其主要作用体现在：实现了南朝陵墓石刻的现状信息留存（如图2－32），为病害调查提供了基础图件和精确数据（如图2－33）。规划中制定保护措施时，有专家指出，南朝陵墓石刻保护可通过异地搬迁至博物馆内保护，有了三维扫描数据，可以复制出逼真的南朝陵墓石刻三维模型，将这些模型替代实物搁置在野外，而将原物置于博物馆内进行更好条件下的保存。

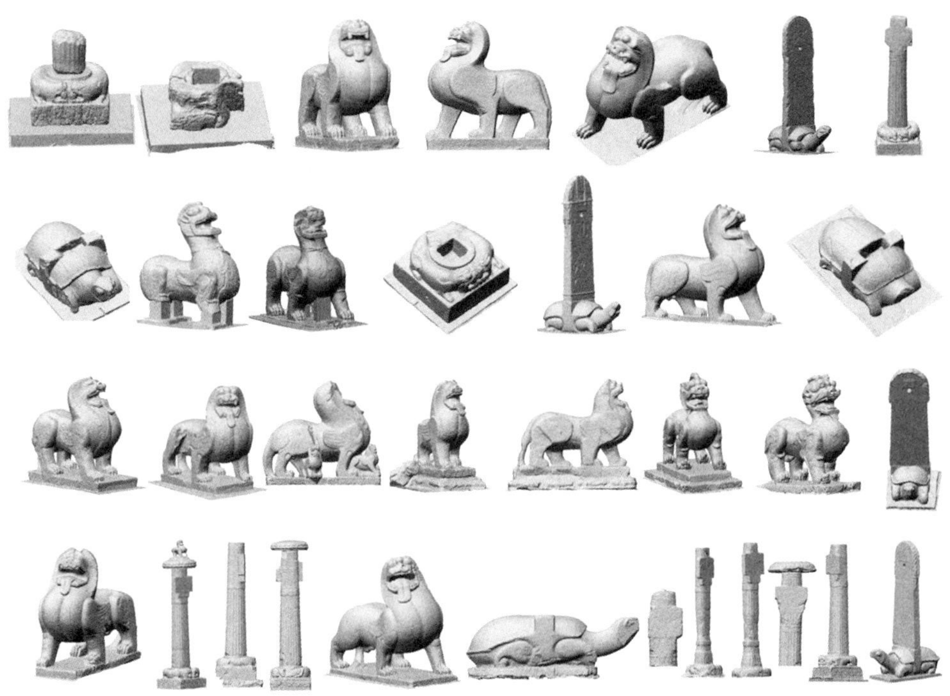

图2－32 南朝陵墓石刻三维模型

6. 赤峰二道井子遗址三维激光扫描

赤峰市二道井子夏家店文化遗址坐落于赤峰市红山区文钟镇二道井子村打粮沟门自然村北部的山坡之上，占地面积约3万平方米。2009年4月，内蒙古文物考古研究所对该遗址进行了抢救性发掘，揭露面积达5200平方米。二道井子遗址文化内涵单纯，文化堆积深厚，建筑遗迹保存完整，是目前发现保存最完好的夏家店文化遗址。利用三维扫描，留存了二道井子遗址发掘后的翔实信息，为后期遗址加固保护、数字展示、监测等提供了丰富数据与科学依据，如图2－34。

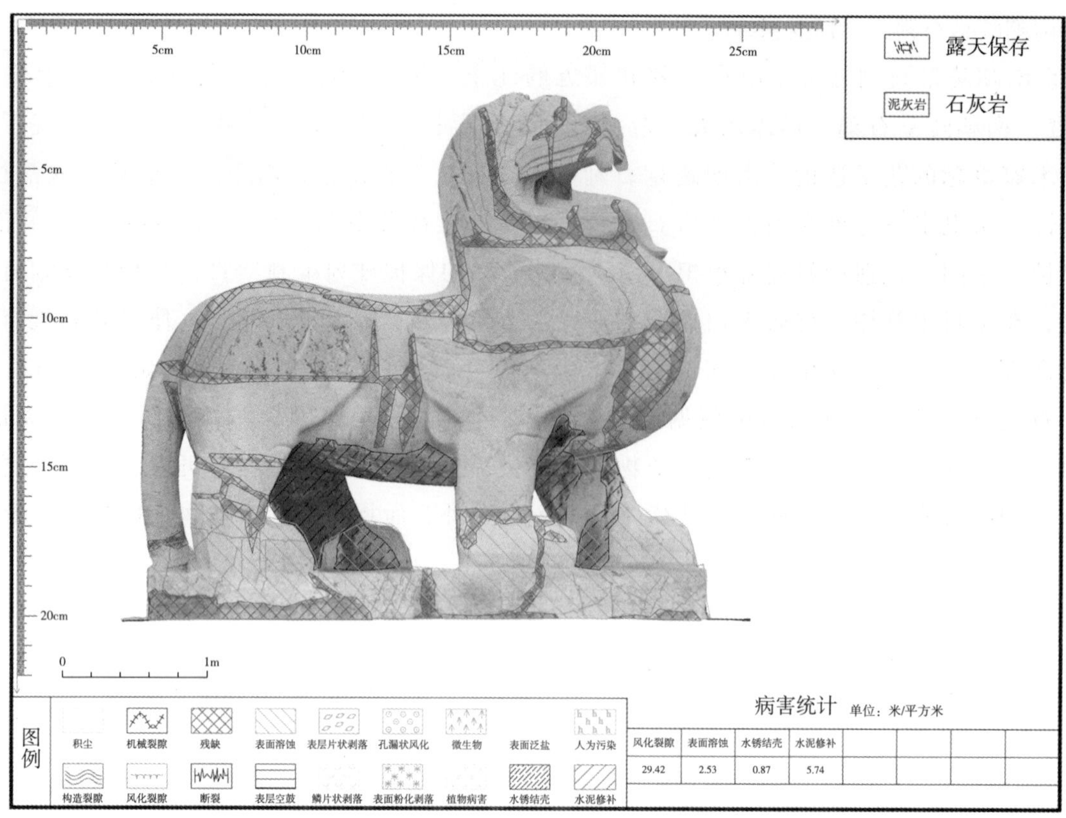

图 2－33　基于三维扫描的萧融西南辟邪病害图

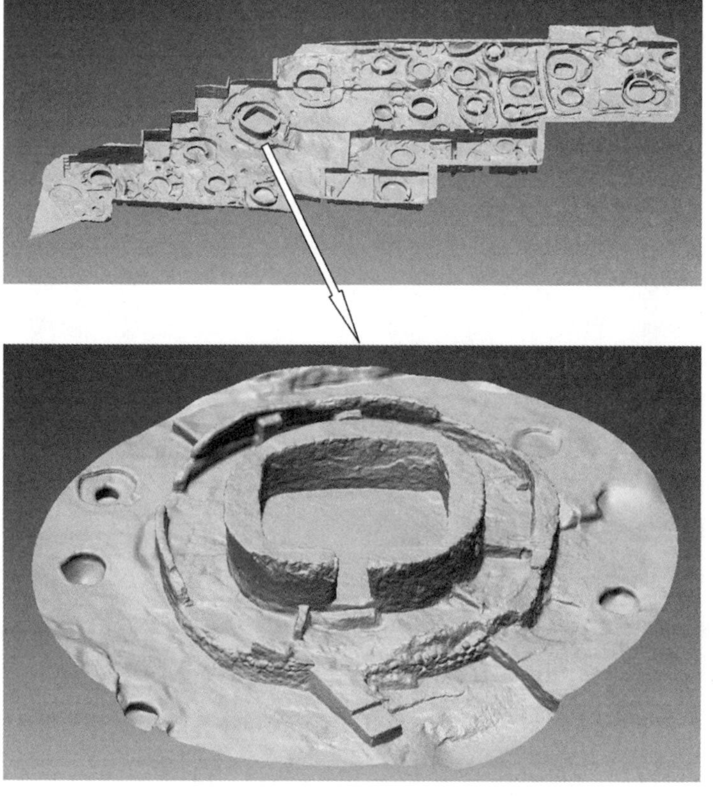

图 2－34　二道井子三维扫描模型

7. 应县木塔局部三维激光扫描研究

应县木塔全名为佛宫寺释迦塔，位于山西省朔州市应县西北角的佛宫寺院内。应县木塔高约 67 米，底层直径 30 余米，平面呈八角形，共 5 层 6 檐，各层间设暗层，实为 9 层，各层结构复杂，常规测绘手段无法准确翔实地记录留取其现状信息，普通平面图纸也难以直观准确地表达其结构特点。本项目采用不同精度的三维扫描手段，探索了木塔局部结构层精细测绘的模式，实践表明：利用三维激光扫描技术，结合部分手工测量，可实现木塔现状真实、完整的测绘记录，对于保护工程设计、监测与风险评估等均有重要意义，如图 2－35。

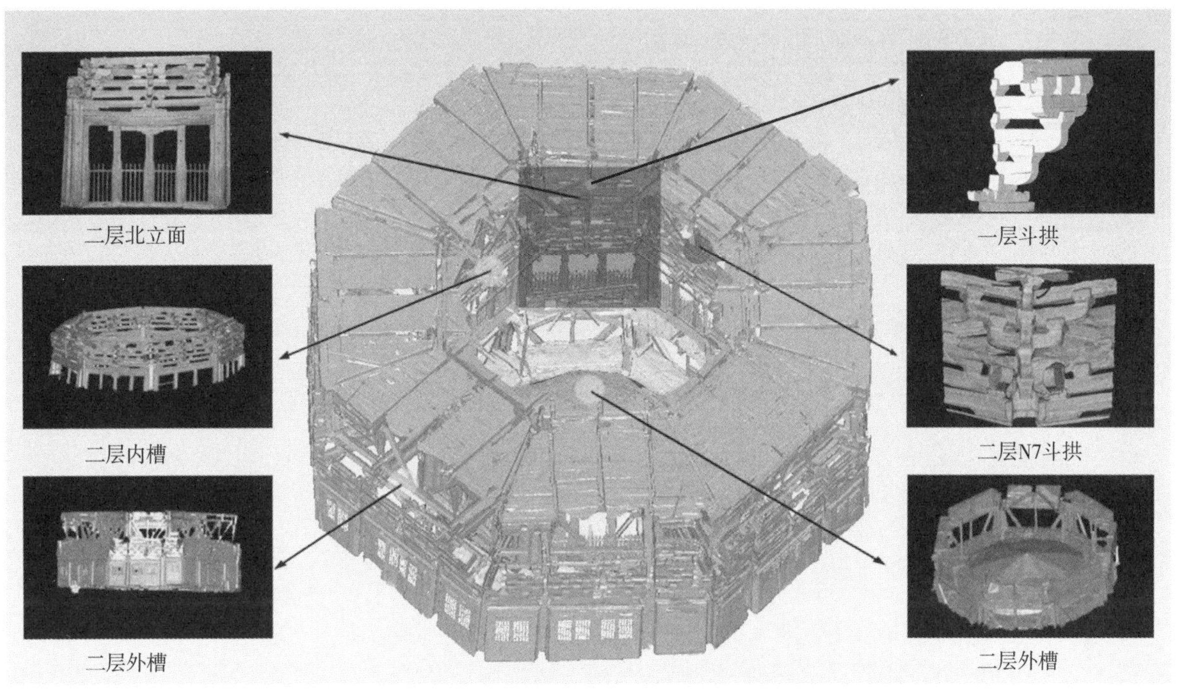

图 2－35　应县木塔局部结构层三维扫描成果

C

［1］　蔡广杰．三维激光扫描技术在西藏壁画保护中的应用［D］．北京：首都师范大学，2009.

［2］　陈鑫，程虎伟．三维激光扫描技术在田野考古中的应用——以黎城金代砖石墓为例［J］．文物世界，2012，06：67－69.

［3］　陈致富，陈德立，杨建学．三维激光扫描技术在基坑变形监测中的应用［J］．岩土工程学报，2012，S1：557－559.

D

［4］　戴华阳，廉旭刚，陈炎，蔡音飞，刘义新．三维激光扫描技术在采动区房屋变形监测中的应用［J］．测绘通报，2011，11：44－46.

H

[5] 侯妙乐，吴育华，张玉敏．三维激光扫描技术在震后铁旗杆保护中的应用［A］．第九届全国虚拟现实与可视化学术会议论文集［C］．北京，2009.

[6] 黄慧敏，基于深度图像的无缝纹理映射［D］．北京：北京建筑大学，2013.

[7] 黄先锋，张帆，方伟．基于多源数据融合的莫高窟三维重建研究．［A］．见：第一届全国激光雷达对地观测高级学术研讨会论文集［C］.2010.

[8] 贺艳，郭黛姮，肖金亮．圆明园九州清晏景区桥梁遗迹保护设计．［A］．见：生态文明视角下的城乡规划—2008 中国城市规划年会论文集［C］．大连：中国辽宁大连，北京清华城市规划设计研究院，清华大学建筑学院，2008.

J

[9] 纪志浩，于明旭．基于点云数据三维重建方法的研究［J］．黑龙江工程学院学报（自然科学版），2014，3：7－9，14.

K

[10] 旷中平．基于地面三维激光扫描技术在考古遗址中的应用研究［J］．科技风，2014，09：111.

L

[11] 刘江涛．三维激光扫描技术在考古勘探中的应用［D］．北京：首都师范大学，2007.

[12] 刘广辉，杨晓锋，刘永雷，等．地面激光扫描技术用于考古发掘的研究［J］．测绘标准化，2013，02：23－25.

[13] 廖紫骅，蔡继鸣，封全宏，唐劲峣，魏光荣．三维激光扫描测量技术在古建筑维修保护中的应用［J］．东华理工大学学报（自然科学版），2013，04：410－414.

[14] 李俊连，郑建国，王肃．应用三维激光实时监测技术保护唐城墙土遗址．［A］．见：中国建筑学会工程勘察分会 2013 年学术大会论文集［C］．昆明，机械工业勘察设计研究院，西安唐皇城墙含光门遗址博物馆，2013.

[15] 李英杰．NURBS 曲面构造，拼接及光顺的研究与实现［D］．西安：西安理工大学，2010.

N

[16] 倪小军．点云数据精简及三角网格面快速重构技术的研究与实现［D］．郑州：郑州大学，2010.

S

[17] 宋红霞，侯妙乐，胡云岗．文物保护中海量点云数据库设计与开发［J］．城市勘测，2014，01：89－93.

T

[18] 唐胜祥．曲面重建算法［D］．武汉：武汉大学，2013.

[19] 谭登峰，张亮，赵川，等．三维激光扫描仪在四川石窟寺考古测绘中的运用与思考［J］．石窟寺研究，2013，334－342.

[20] 田继成，罗宏，吴邵明．三维激光扫描技术在云冈石窟 13 窟数字化中的应用［J］．城市勘测，2014，04：23－26.

[21] 陶涛．大足石刻千手观音造像三维展示系统关键技术研究［D］．北京：北京建筑大学，2014.

[22] 汤羽扬，杜博怡，丁延辉．三维激光扫描数据在文物建筑保护中应用的探讨［J］．北京建筑工程学院学报，2011，04：1－6＋36.

W

[23] 王恒．云冈石窟测绘方法的新尝试—三维激光扫描技术在石窟测绘中的应用［J］．文物，2011，01：81－87.

[24] 王乾．三角网格模型过渡与孔洞修补算法的研究及应用［D］．南京：南京航空航天大学，2007.

[25] 吴育华，胡云岗．试论数据采集与虚拟修复在大足石刻修复中的应用［J］．中国文物科学研究，2013，03：33－36.

[26] 吴侃，黄承亮，陈冉丽．三维激光扫描技术在建筑物变形监测的应用［J］．辽宁工程技术大学学报（自然科学版），2011，02：205－208.

[27] 王金华，严绍军，任伟中，等．石窟岩体结构稳定性分析评价系统研究［M］．北京：中国地质大学出版社有限责任公司，2013.

X

[28] 谢宏全，侯坤．地面三维激光扫描技术与工程应用［M］，武汉：武汉大学出版社，2013.

[29] 薛晓轩．基于三维激光扫描的文物保护管理系统的建立［J］．测绘与空间地理信息，2014，02：99－101＋105.

Y

[30] 杨蔚青，李永强，王阁，白丁．三维激光扫描技术在土遗址保护中的应用—以隋唐洛阳城定鼎门遗址唐代道路遗址保护为例［J］．中原文物，2012，04：98－101.

Z

[31] 张序，李兆堃，袁铭，等．苏州虎丘塔三维数字化表达研究与应用［J］．测绘通报，2012，12：51－53.

[32] 张序，李兆堃，朱威，薛彩霞．苏州古城控保建筑三维数字化表达研究与应用［J］．现代测绘，2012，06：18－20.

[33] 张喜妮，王合理．三维激光扫描技术在隧道变形监测中的应用—以 TrimbleGX 扫描仪为例［J］．河南科技，2012，09：93.

[34]　张小青．基于三角网格模型的文物几何信息计算 [D]．北京：北京建筑工程学院，2012.

[35]　周春艳，李勇，邹峥嵘．三维点云 ICP 算法改进研究 [J]．计算机技术与发展，2011，21（8）：75－81.

[36]　周华伟，朱大明，瞿华蓥．三维激光扫描技术与 GIS 在古建筑保护中的应用 [J]．工程勘察，2011，06：73－77.

[37]　周克勤，王飞，周俊召．基于激光点云的数字正射影像图的应用研究 [A]．见：第三届中国国际数字城市建设技术研讨会论文集 [C]．北京建筑工程学院，北京，2007.

[38]　Yinghui Xiao，Qingming Zhan，Qiancong Pang. 3D Data Acquisition by Terrestrial Laser Scanning for Protection of Historical Buildings. [A]. in Wireless Communications，Networking and Mobile Computing，2007. WiCom 2007. International Conference on [C]. IEEE，2007，5971－5974.

[39]　Guidi，G.；Micoli，L. L.；Gonizzi，S.；Rodriguez Navarro，P.；Russo，M. 3D digitizing a whole museum：A metadata centered workflow. [A]. in Digital Heritage International Congress（DigitalHeritage）[C]. IEEE，2013，307－310.

[40]　Lindgren，S.；Galeazzi，F. 3D laser scanning in cave environment：The case of las cuevas，Belize acquisition of the cave system and excavation area [A]. in Digital Heritage International Congress（DigitalHeritage）[C]. IEEE，2013，219－222.

[41]　Redfern，T.；Kilfeather，E. " A method for presenting high resolution，archaeological 3D scan data in a narrative context". [A]. inDatabase and Expert Systems Applications，2004. Proceedings. 15th International Workshop on [C]. IEEE，2004，62－66.

[42]　Lsler，V.；Wilson，B.；Bajcsy，R. Building a 3D Virtual Museum of Native American Baskets. [A] in 3D Data Processing，Visualization，and Transmission，Third International Symposium on [C]. IEEE，2006，954－961.

第3章　大足石刻大佛湾文物数据采集

3.1　大佛湾石刻造像

大足石刻宝顶山大佛湾位于大足区龙岗街道东北15公里处，始凿于南宋年间。大佛湾为一个形似“U”字形的山湾，崖面长约500米，高约8～25米，如图3－1、图3－2。造像刻于东、南、北三面崖壁上，通编为31号，依次刻猛虎下山、护法神像龛、六道轮回图龛、广大宝楼阁龛、华严三圣龛、舍利宝塔、毗卢庵、千手观音像、舍利塔龛、人天毕会龛、释迦牟尼涅槃圣迹图龛、九龙浴太子图龛、孔雀明王经变相龛、毗卢道场、父母恩重经变相龛、雷音图、大方便佛报恩经变相龛、观无量寿佛经变相龛、缚心缘锁六耗图龛、地狱变相龛、十大明王龛、三清龛及赵公明夫妇龛、柳本尊行化事迹图龛、道祖山君龛、玉皇王母龛、柳本尊成正觉像龛、鲁班仓龛、石狮像龛、圆觉洞、牧牛图、栗咕婆子图。

图3－1　大佛湾全景图

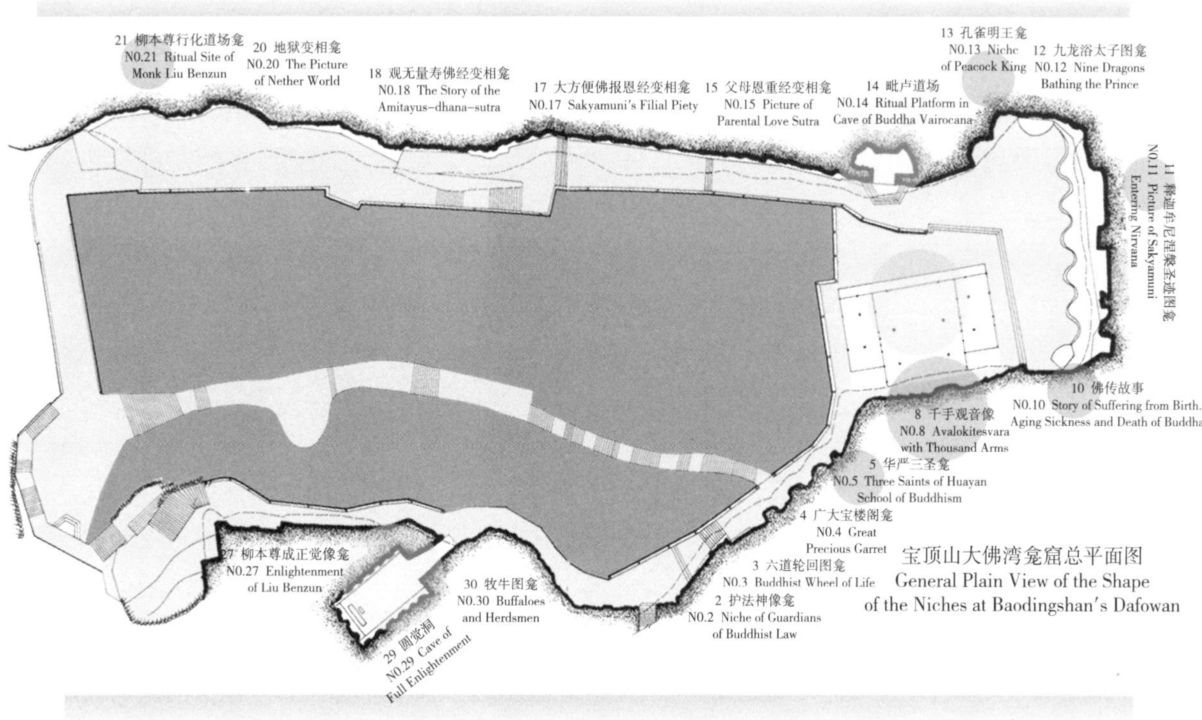

图3-2　大佛湾龛窟平面示意图

第1龛：猛虎下山，如图3-3。高555、宽359、深36厘米（尺寸来源：三维激光扫描数据，以下类同）。猛虎头朝下，尾朝上，作下山状，暴眼圆睁，象征着邪恶。

图3-3　猛虎下山龛照片

第2龛：护法神像龛，如图3－4。龛高400、宽1280、深120厘米。龛内分上下两层共刻神像35尊、四只老鹰和两条毒蛇。上层造像占岩面高245厘米。正壁刻九大护法神主像，其头肩上方刻护法神的化身像；主像两边刻六通神。下层造像占岩面高155厘米，刻七尊护法神像和一条蛇。

图3－4 护法神像龛照片

第3龛：六道轮回图龛，如图3－5。高706、宽500、深290厘米，刻人像90尊，动物24尊。图中无常大鬼长舒两臂抱“六道轮回图”。像高533厘米、轮回图直径277厘米，是中国石窟群中仅有的一处六道轮回图石刻。

第4龛：广大宝楼阁龛，如图3－6。龛高770、宽405、深172厘米。龛位于大佛湾南岩中部，下部凿朝廷大员杜孝书“宝顶山”为台座，台上并列三行者全跏趺坐像，三像顶光上各座一佛，正中之佛手结最上菩提印。三佛身后各饰一笼金竹，竹顶上各刻一座重檐楼阁，楼门内均设坐佛像，正中楼阁题名“广大宝楼阁”。

第5龛：华严三圣龛，如图3－7。龛高817、宽1545、深380厘米，刻像119尊。居中的毗卢舍那佛螺髻金身，顶现毫光，左手结印，右手平伸；毗卢舍那佛左侧的普贤头戴五佛宝冠，手捧舍利宝塔；右侧的文殊亦头戴花冠，左手掌中托七重宝塔，右手扶塔身，合称华严三圣。龛壁刻81个小圆龛，内坐佛像。龛内下部刻一龛台长1545、宽205、高110厘米。

第6龛：舍利宝塔，如图3－8。呈四方形，通高787厘米。正面向北，现东、北、西三面，南面与岩壁相接，隐没不现，现五级塔身，四层塔檐，最上一层塔身与最下一层塔身现出半截，最上一层塔身与顶岩石壁相接，最小一层与地面相接。

图3-5　六道轮回图龛照片

图3-6　广大宝楼阁龛照片

图3-7　华严三圣龛照片

第7龛：毗卢庵，如图3-9。该龛造像由毗卢庵亭和秒智宝塔两部分构成。龛左边为毗卢庵亭建筑。亭由亭身和亭顶、亭刹构成，通高160厘米，亭身高80厘米，下部隐没在祥云中不见。在毗卢庵碑的“庵”字左上方，饰刻两朵祥云，祥云之上刻二像，皆现半身。秒智宝塔刻于棺上方，共刻四层塔身，每层塔身上一重飞檐，通高183厘米。秒智宝塔前下刻一香炉，香炉刻两只脚支撑，炉上刻两只护耳，耳高12厘米，香炉高24、宽27、厚11厘米。

图3-8 舍利宝塔照片

图3-9 毗卢庵照片

第8龛：千手观音像，如图3-10。是我国最大的集雕刻、泥塑、贴金、彩绘于一身的立体型摩崖石刻造像，高约7.7、宽约10.9米，正投影面积约84平方米，展开总面积达210余平方米。该造像以主尊观音为中心，呈辐射状在岩面上雕凿约千只观音手，每只手心各有一眼，以表现观世音菩萨的法力无边与智慧无穷，部分观音手还执不同法器，另在中下部雕刻侍者与力士等。整龛造像布局严谨，气势恢宏，是大足石刻的精华，也是同类题材中的登峰造极之作，被誉为“世界石刻艺术之瑰宝”，具有极高的历史和艺术价值。

第9龛：化城品图龛，如图3-11。风化剥落非常严重，渗水不断，潮湿不堪，占岩面高716、宽350厘米。从上至下刻“化成”和“正觉院”、“净土宫”宫殿式建筑，其院内设赵本尊，宫内设有大日如来像，城郭和院、宫门外，或行或立世俗行者像数十身，图为凿不设像的“舍利宝塔”，寓意众生修行到达成佛宝所。

图3－10　千手观音照片

图3－11　舍利塔龛照片

第 10 龛：人天毕会龛，如图 3－12。该龛风化严重，残毁不堪，共刻七组造像。刻 4 座楼阁，25 尊人像，2 树身，1 棺材。

第 11 龛：释迦牟尼涅槃圣迹图龛，如图 3－13。龛呈平顶，高 694、宽 3160、深 446 厘米，刻像 37 尊。图中释迦佛右侧横卧东岩，长达 31 米，仅现大半个身躯。这是古代匠师采取意到笔伏之手法，以示佛大不可度量，为中国石窟艺术群中所罕见。另刻有四大天王及菩萨帝释诸天象等。

图 3－12　人天毕会龛照片

图 3－13　释迦牟尼涅槃圣迹图龛照片

第12龛：九龙浴太子图龛，如图3－14。龛高620、宽450厘米，刻像3尊及九龙头。左右力士像，面身相向，现半身，头戴盔，盔饰护耳，盔带兜住下巴，头后饰祥云，身着铠甲，肩饰坎肩。龛前存半圆形水池，外径420、内径360、深120厘米。

图3－14　九龙浴太子图龛照片

第13龛：孔雀明王经变相龛，如图3－15。龛高628、宽958、深246厘米。窟正中刻孔雀明王坐于孔雀背负之莲台上，其左右壁刻帝释天战阿修罗的场面。左侧壁上部刻莎底比丘破薪图。

图3－15　孔雀明王经变相龛照片

第 14 龛：毗卢道场，如图 3－16。内为平顶仿中心柱式洞窟，坐北向南，洞窟高 660、宽 1160、深 420 厘米。洞窟南面刻一门，门洞高 340、宽 284、深 153 厘米。窟内左壁因早年坍塌像毁，现存像 287 尊。窟内正壁中贴窟正壁凸出一仿古中心柱式的飞檐翘角的转轮藏式的塔亭。

图 3－16　毗卢道场照片

第 15 龛：父母恩重经变相龛，如图 3－17。龛高 700、宽 1450、深 280 厘米。刻像 44 尊。上部刻贤劫七佛半身像。下部中央刻“投佛祈求嗣息”图，左右连环画式地刻出父母含辛茹苦抚育子女的 10 组雕像，情节连贯，形象生动，感人肺腑，是佛教中国化后的造像。

图 3－17　父母恩重经变相龛照片

第16龛：雷音图龛，如图3－18。龛呈平顶，高700、宽887厘米。龛内上部刻刻六尊天神像，在龛下壁上部，魔崖通龛刻石面高65、宽550厘米，从左至右横刻：“雷音□震擎天地，万物生芽别是春”14字，字径31厘米。中层图右俯卧一人像，其身四周及岩壁上刻有烈焰。

图3－18　雷音图龛照片

第17龛：大方便佛报恩经变相龛，如图3－19。龛高730、宽1560、深182厘米。刻像68尊。龛正中刻释迦佛半身像，左右壁图文并茂，刻释迦佛前世和今生因地修行、行孝的12组雕像，宣扬释迦佛种种难舍能舍、难为能为的自我牺牲精神。

图3－19　大方便佛报恩经变相龛照片

图 3－20 观无量寿佛经变相龛照片

图 3－21 缚心缘锁六耗图龛照片

第 18 龛：观无量寿佛经变相龛，如图 3－20。龛高 810、宽 2160 厘米，刻像 169 尊。上部为西方净土盛况，中为西方三圣像下部及左右壁刻“三品九生”、“十六观”等。其规模之大，堪称中国石窟同类造像题材之最。

第 19 龛：缚心缘锁六耗图龛，如图 3－21。龛高 790、宽 380 厘米。上部刻弥勒化佛怀抱猿猴喻心识。座下六绳各缚动物，喻人之眼、耳、鼻、舌、意“六根”，此即所谓“六窗一猿”，为佛教阐释“心主一切”的图像。

第 20 龛：地狱变相龛，如图 3－22。龛高 1268、宽 1995、深 244 厘米。刻像 133 尊。上部正中刻地藏，其顶上并列坐十佛，左右并列坐十王两司。下部分上下层刻刀山、截膝等十八地狱，为佛教艺术同类题材中规模最大、内容最丰富者。

第 21 龛：十大明王龛，如图 3－23。占崖面宽 2350 厘米。该龛与柳本尊行化事迹图龛同龛，位于其下部。龛中十大明王皆现半身，下半身隐没不现。

第 22 龛：三清龛及赵公明夫妇龛，如图 3－

图3－22　地狱变相龛照片

图3－23　十大明王龛照片

24。龛呈平顶长方形，高185、宽311、深40厘米。龛内刻玉清、上清、太清三清造像：玉清居中，上清居左，太清居右。赵公明夫妇龛刻于三清龛之右，龛呈平顶长方形，坐北向南，高185、宽189、深47厘米。龛内刻赵公明夫妇，赵公明居左，其妻居右，并排而坐。

第23龛：柳本尊行化事迹图龛，如图3－25。龛高1257、宽2540、深750厘米。刻像67尊。崖上部正中刻唐末嘉州（乐山）居士柳本尊，左右及上下刻其行化“十炼”事迹图和侍从等像。此龛对中国佛教密宗史的研究有较高价值。

图3－24　三清龛及赵公明夫妇龛照片

图3－25　柳本尊行化事迹图龛照片

第24龛：道祖山君龛（道教），如图3－26。龛高177、宽254、深43厘米。龛内刻道祖和山君坐像，道祖居左，山君居右。

图3－26　道祖山君龛照片

第25龛：玉皇王母龛（道教），如图3－27。龛高176、宽258、深46厘米。龛内正壁，玉皇居左，王母居右。

第26龛：鲁班仓龛，如图3－28。全壁高643、宽500厘米。鲁班仓为清代所建，位于大佛湾南岩西段，鲁班仓因远看俨然如粮仓，其右壁有一洞口，传说为鲁班所建，故名“鲁班仓”，又因其北

图3－27　玉皇王母龛照片

图 3－28　鲁班仓龛照片

壁和西壁上刻有题记，顾又名“碑塔”。

第 27 龛：柳本尊成正觉像龛，如图 3－29。龛呈平顶，高 399、宽 382、深 84 厘米。位于南崖西端，龛内刻有大日如来半身像（高 304 厘米），头戴五智宝冠，顶上坐柳本尊居士像，身穿通肩袈裟，手结缚定印。该造像与柳行化道场呼应，其周围有碑碣。

图 3－29　柳本尊成正觉像龛照片

第28龛：石狮像龛，如图3-30。头南尾北，头微上仰，张口怒目，项下系铃结，似欲前跃，身长551、高208、背宽116厘米。位于圆觉洞口，雕刻简洁细腻，身体具有一种动势。狮子在佛教中是一种圣物，这里似乎在隐喻佛法如狮子吼。

图3-30　石狮像龛照片

第29龛：圆觉洞，如图3-31。是大足大佛湾宝顶山石刻重点石窟，洞深12米，宽9米，高6米，是大佛湾内最大的洞窟造像。在道场的正前方刻着结跏而坐的三身佛：中间是法身佛（毗卢遮那佛）；左边是报身佛（卢舍那佛）；右边是应身佛（释迦牟尼佛）。在洞壁的两侧俨然整齐地排列着文殊、普贤、普眼等十二位觉行圆满的菩萨。在三身佛前长跪着一合掌菩萨，为十二圆觉菩萨的化身。这喻示十二尊菩萨在修行的过程中，遇到许多疑难问题，正轮流跪于佛前请示，佛各别作答。整个洞窟展现的是《大方广修多罗了义圆觉经》修行问法的场景。

整个圆觉洞的主题为“问法”，为了突出这一主题，匠师们大胆立意，多打一尊像在中间，以示十二位菩萨轮流问法。匠师们还刻意把进口的甬道拉长，并且处理得外小里大，形成狭梯状，使洞内光线暗下来，然后在洞口上方开一扇天窗，由天窗射入一束强光，把观众的视线引到佛前长跪的菩萨身上，正如舞台上的聚光灯一般，巧妙地点明了“问法”这一主题，同时又烘托出窟内斑驳陆离、别有洞天的神秘气氛。人在洞内随着视觉的逐渐适应，周围的菩萨便在淡薄微明的光影中浮现出来。随着光线的折射、扩散，菩萨和山石竹林以及祥云缭绕的背景之间，还会产生出丰富的明暗层次来。高明的艺术家们就这样巧妙地调配光影，借助观者的心理感受，创造出了一个梦幻般的佛国仙境。

在靠山的右壁上，刻着一条长卧的龙，这条龙的龙身便是窟顶的排水渠道。在龙头下面刻着一位高擎钵盂的老僧。下雨之时，雨水从窟顶的岩隙渗透下来，通过龙身汇向龙头，再通过龙嘴滴入老僧

图 3 - 31　圆觉洞照片

的钵盂内，并发出“叮咚叮咚”的声响。老僧持钵的手臂是镂空的，水通过他镂空的手臂往下流，然后通过石壁上的暗道和大家脚下的水沟排出洞外，形成一个周密完整的排水系统。

整个圆觉洞的雕刻精致细腻，展现出迥异于北方石刻的豪放粗犷型雕刻风格。菩萨们头戴的花冠精巧玲珑，如图 3 - 32，大都为镂空雕刻，她们身挂的璎珞细珠，历经八百多年仍然粒粒可数；她们身上的袈裟舒展柔和，如行云流水一般搭在座台上，极富丝绸的质感，看久了之后，就像微风徐来，亦会“满壁风动”一样。

图 3 - 32　圆觉洞佛像

下面的石香案，如图3－33，也被处理得极富木质感，达到了乱真的地步。这里的造像从形象到神韵，到意境都被表达得细腻而准确。十二位菩萨个个端庄典雅，风姿飘逸。她们柔和的目光，微微后收的嘴角和浅浅的微笑，无不透露出她们内心的恬静优雅，显示出她们超凡绝尘的气质。她们脸部的肌肉丰满细腻，具有童颜肌肤的质感，就好似在细润的肌肤下有血液在缓缓流动一般。她们的轻纱薄裙、璎珞飘带都随着身体的起伏转折而微妙地变化，她们整个形体结构所表现出的那种优美的韵律感令人陶醉。

图3－33　圆觉洞香案局部

第30龛：牧牛图，如图3－34。高570、宽2910厘米，刻像11尊。全图随着山岩地形的弯曲，巧妙地结合岩壁上的流水，刻出崎岖的山径，静美的林泉。在这大自然的美景里，刻出十个牧童放十条水牛。图中牧童或袒胸小憩，或吹奏乐器，或并肩谈笑，或挥鞭打牛，或牵牛徐行；牛儿或卧，或息，或吃草，或饮水，或昂首舔食，或控勒不可遏制。这些逼真的造像，情景交融，生动地表现了宋代的牧童生活。

第31龛：栗咕婆子图，如图3－35。位于大佛湾牧牛道场之岩下，全龛造像共五尊，分上、下两层，上层三尊，下层两尊。栗咕婆子及其侍者位于下层，三身佛像位于上层。

从整体来看，大佛湾石刻雕凿于自然冲沟崖壁上，充分地利用了崖壁的空间形态，使摩崖造像巧妙完美地与自然融为一体，形成了独特的地理特征与艺术特点，主要特点表现在四个方面：

（1）崖面长而陡峭。大佛湾石刻利用自然崖面进行雕刻的，崖面长约500米，高8～25米，山湾呈“U”字形走向。

（2）造像多而精致。大佛湾石刻集释（佛教）、道（道教）、儒（儒教）“三教”造像于一体。石刻造像刻于东、南、北三面崖壁上，通编为31号，全部造像图文并茂，彩绘颜色鲜艳，保存较

图 3－34　牧牛图照片

完整。

（3）自然风貌保存完整。造像崖壁呈反坡形态，顶部开凿出窟檐遮挡雨水，窟檐顶部覆盖植被，保持了冲沟崖壁原有的风貌。“U”形湾的中间为自然保存的佛湾沟，与石刻造像的最底部最大高差约30米，内部皆为树木及植被。

（4）造像体量大且前倾。石刻造像体量大，如华严三圣龛高8.17、宽15.45、深3.80米，刻像119尊，其中毗卢舍那佛手托的舍利宝塔重约7吨。龛窟石刻造像呈前倾状，倾斜角度最大约15°。

对这样地势陡峭、区域狭长以及体量巨大的崖壁石刻进行测绘工作存在极大的困难，传统测绘方式更是难以胜任。因此，长期以来，大佛湾基础图件匮乏，难以为文物保护工作提供有效支持。相关应用实践表明，三维激光扫描技术是目前进行大佛湾测绘与数字化的最佳手段。

图 3－35　栗咕婆子图照片

3.2　数据采集方案设计

3.2.1　总体思路

大佛湾石刻造像群所处环境复杂，而石刻本身立体结构复杂，外业数据采集十分困难；另一方面，由于自然和人为因素的影响，大佛湾石刻存在多种风险病害，亟须实施文物保护工程，需要精确数据、模型及图件的科学支持，但具体需求尚不明确。为此，确定总体思路为：分期重点实施，前期着重于文物数据的翔实记录及规范化的基础模型与图件制作，后期着重于文物保护专项示范化应用。前者是基础，直接影响后期工作成败，尤为关键，主要目标为如下：

1. 利用三维扫描技术及高清摄影技术，研究大足石刻复杂外形和纹理数据采集的最佳模式，尽可能采集石刻本体数据，实现大佛湾石刻文物信息的翔实记录。

2. 结合常见文物保护工程（如设计、考古、数字展示、修复、监测等）的共性需求，研究制作规范化的三维基础模型及图件。

根据前期工作目标，在设计数据采集方案时，不是盲目地用一种精度实施扫描，而是设计了整体扫描和局部重点精细扫描思路，即对大佛湾整体实施大场景三维扫描（毫米级），选择圆觉洞重点实施超精细扫描（亚毫米级），为后期工作提供思路。

3.2.2　实施方案

实施方案制定包括现场准备，预试验（仪器选型、精密度确定），仪器检查、准备，人员组织与培训，方案制定（站点布设、标靶布设、工程宣传与沟通）等，方案制定完成后再实施，采集点云数据及纹理数据，如图3－36。

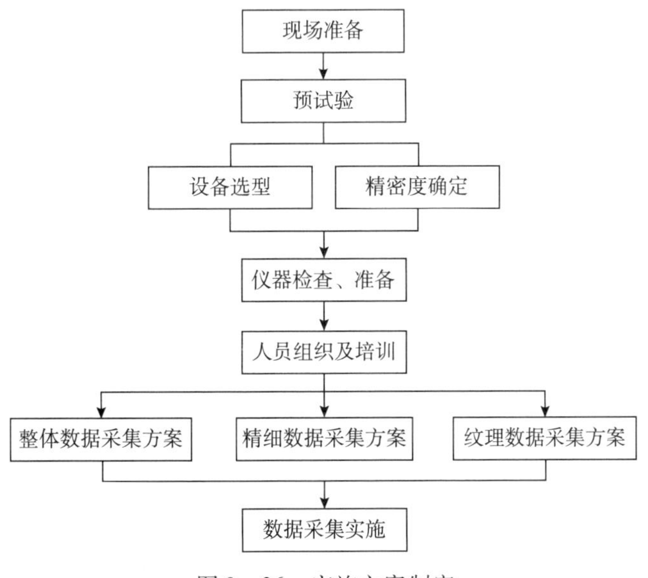

图3－36　实施方案制定

3.2.3 精密度确定与仪器选择

在正式进行数据采集前，为节约时间、经费和人力，需根据文物保护具体需求确定数据采集的精密度以及设备，对于复杂文物对象或复杂环境下的三维扫描则有必要先进行预试验工作。

在大佛湾石刻三维扫描工作步骤及方法如下：

1. 仪器初选

根据扫描距离，大场景扫描设备试用 Leica HDS6000、Faro Focus^{3D}、Riegl、Z + F 等；精细扫描试用三坐标测量机 Romer、Handyscan 等。

2. 精密度比选

（1）精细扫描：选取圆觉洞一尊佛的头部，如图 3 - 37，利用上述设备进行数据采集试验，如图 3 - 38 所示。

图 3 - 37 圆觉洞佛像头部照片

图 3 - 38 不同设备扫描效果对比图

a. Faro 密度 2mm b. 关节臂密度 1mm c. 关节臂密度 0.15mm

由图可见，为了清晰地表现出细部特征，关节臂扫描效果明显高于 Faro 等大场景扫描仪；且关节臂 0.15 毫米与 1 毫米有一定差异，需要进一步试验。

为此，选取一尊佛像头部花冠较为清晰的部位采用关节臂进行不同密度的扫描对比：0.045 毫米（仪器标称精度值）、0.15 毫米、0.3 毫米和 0.5 毫米，如图 3－39。

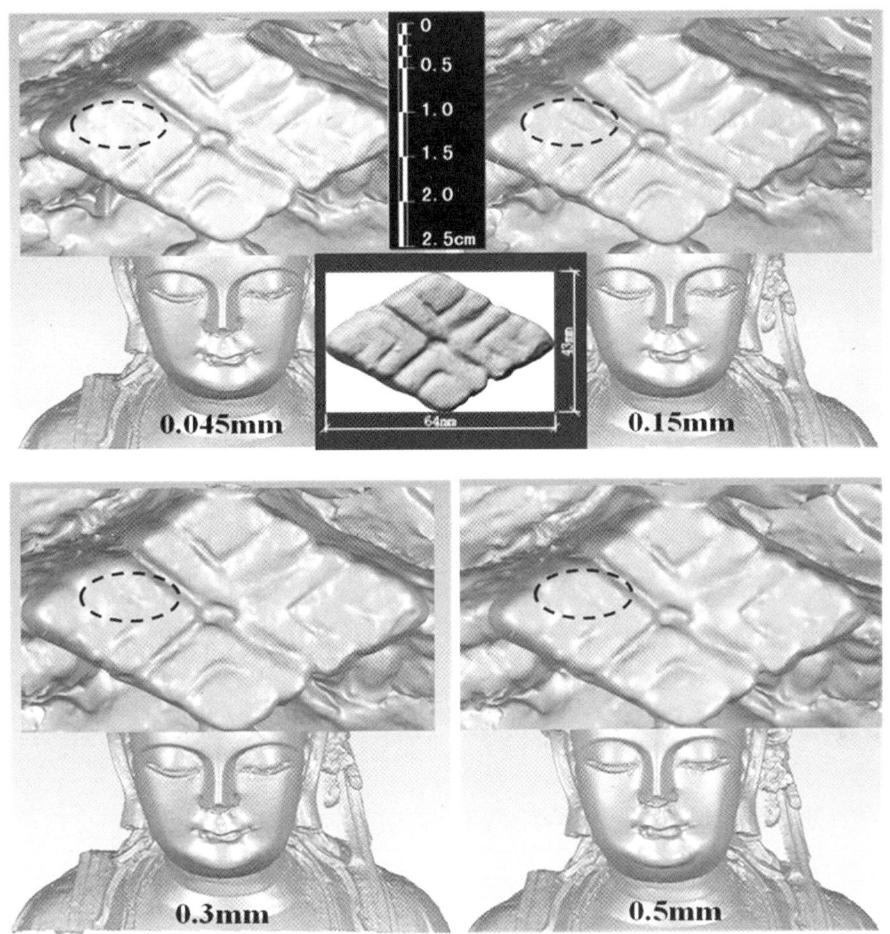

图 3－39　精细扫描效果对比

由图对比可见：利用关节臂进行精细扫描时，密度采用 0.15 毫米时，能够充分体现其细节，小于 0.15 毫米数据量过大且外业工作量也会成倍增加，大于 0.15 毫米则有些细节难以体现，因此可定大佛湾石刻精细扫描最佳密度值为 0.15 毫米。

（2）整体扫描：选取华严三圣一尊佛像采用不同设备进行数据采集，如图 3－40。由试验发现宜采用 Leica HDS 6000 进行整体扫描，而在局部缺失部位可采用 Faro Focus^{3D} 进行灵活补充扫描，扫描密度定为 2 毫米时最佳。

3.3　大佛湾整体三维扫描

根据上述准备工作，结合现场实际情况，对大足石刻宝顶山大佛湾进行了全面的三维扫描工作。为保证完整性，除对石刻本体进行了重点扫描外，还对周边环境数据进行了数据采集。

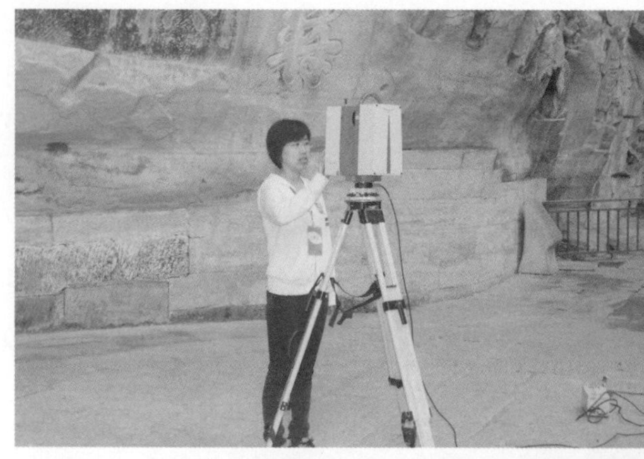

a

b

图 3－40 整体扫描效果图

a. 扫描设备（上 Leica，下 Faro） b. 数据融合结果

（1）先进仪器设备的优化组合，采用 Leica HDS6000 和 Faro Focus^{3D}两种三维扫描仪相结合的方式，充分发挥了仪器的特点与优势。

（2）分层扫描方式保证了采集数据的完整性，克服了体量巨大、地势陡峭及区域狭长的环境影响，通过升降机、组合式脚手架的使用，经济合理地完成数据采集任务。

（3）科学的数据标准化采集，从站点设计到数据检查，形成完整规范的数据采集流程。

（4）早晨与夜间的作业模式，减少了人为因素的干扰，也未影响景区游客的正常参观。

3.3.1 采集要求

1. 数据完整性

采集过程中首先保证整体的完整性，即石刻造像及文物周围环境；其次对 31 个龛窟，逐龛保证数据的独立性和完整性；最后，在数据检查的基础上，采用手持或相对灵活的三维设备补充采集数据。

2. 数据精密度

按照总体设计，对大佛湾整体点云点位中误差要求控制在 5 毫米以内，点云间距设计为 2 毫米。

（1）Leica HDS6000 三维扫描仪：采用 Highest 的点云间隔密度 360°全方位对大佛湾进行数据采集。

（2）Faro Focus^{3D}三维扫描仪：5 米内采用点云密度 1/4、点云质量 3X 进行扫描；5 米外采用点云密度1/2、点云质量3X进行扫描。

3.3.2　设备准备与人员组织

1. 设备准备

（1）中远距离三维扫描设备：Leica HDS6000三维扫描仪1台，标靶球1箱，配备移动图形工作站。

（2）中距离三维扫描设备：Faro Focus^{3D}三维扫描仪1台，标靶球1箱，配备移动图形工作站。

（3）质量检查设备：图形工作站。

（4）其他：数据存储设备。

大佛湾石刻造像高度较高，仪器自带脚架高度有限，在对造像进行扫描时会因扫描仰角限制使造像扫描数据不完整。为了解决上述问题，现场扫描过程中采用移动脚手架及升降平台配合点云数据采集（见图3－41）。

图3－41　移动脚手架及升降平台

2. 人员组织

现场数据采集时，人员配备如下：

（1）中远距离三维扫描数据获取：Leica HDS6000三维激光扫描仪操作人员1名，辅助人员3名（协助仪器的装卸及搬运）。

（2）中距离三维扫描数据获取：Faro Focus^{3D}三维激光扫描仪操作人员1名，辅助人员1名（协助仪器的装卸、搬运及标靶点布设）。

（3）数据质量检查1名：负责及时地检查扫描获取的数据是否合格，查看其完整性，并进行数据备份。

（4）现场情况记录人员 1 名：负责记录每个扫描站点及标靶布设的具体位置，为后期的数据拼站做好充分准备。

3.3.3 点云数据采集

通过对大佛湾整体的三维点云数据采集工作，获取了大佛湾全方位、真实的三维信息数据，其中包括整体扫描原始点云数据 170 站，总计 97.24GB（ * zfs 格式），点云数据库 304GB；补充扫描原始点云数据 248 站，总计 33.78GB（ * fls 格式）。

1. 扫描参数设置

整体扫描：采用 Leica HDS6000 扫描仪沿参观甬道依次对大佛湾每个龛窟进行整体扫描，最高分辨率 25 米处点间隔 1 毫米。

补充扫描：采用 Faro Focus^{3D} 三维激光扫描仪对每龛造像进行多角度扫描，最高分辨率 10 米处点间距 0.9 毫米，间距垂直方向 1.5 毫米，仪器距离扫描对象 25 米时，扫描精度为 2 毫米。

2. 测站点布设

根据整体点云数据采集完整性、精度设计相关要求，进行了大佛湾测站点的系统布设，如图 3－42、图 3－43、图 3－44，布设站点时遵循以下原则：

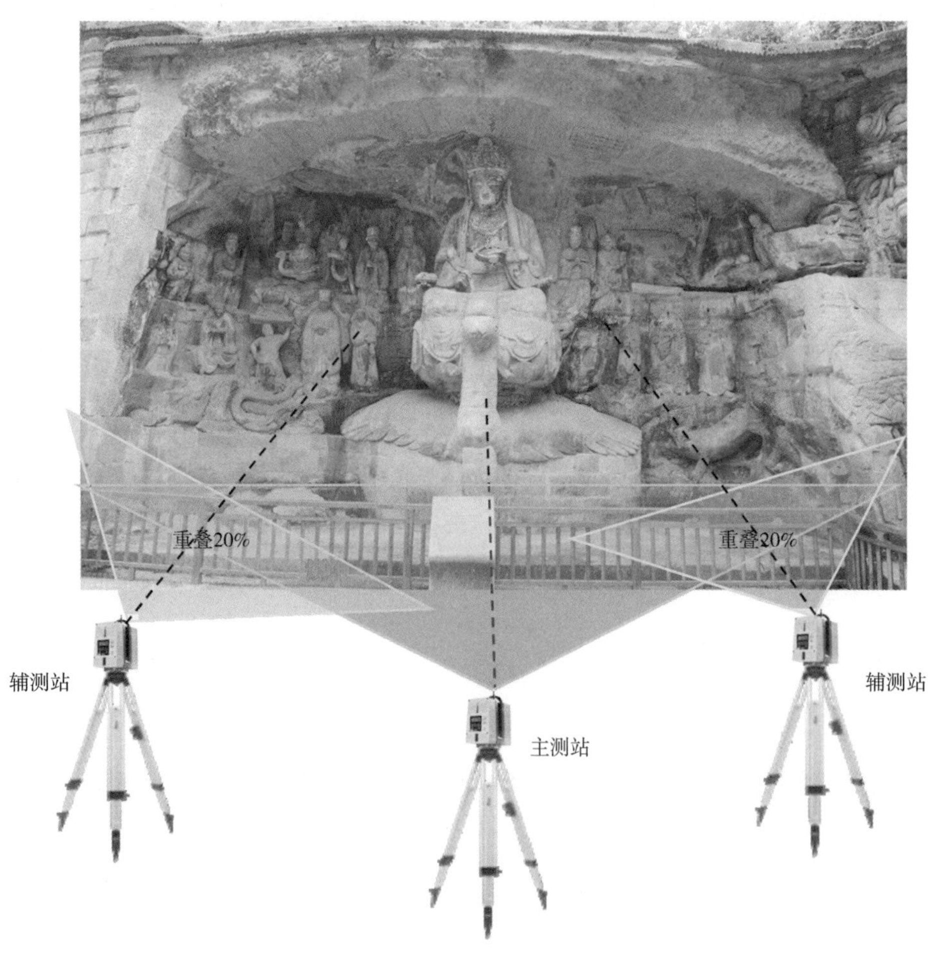

图 3－42 测站点布设示意图

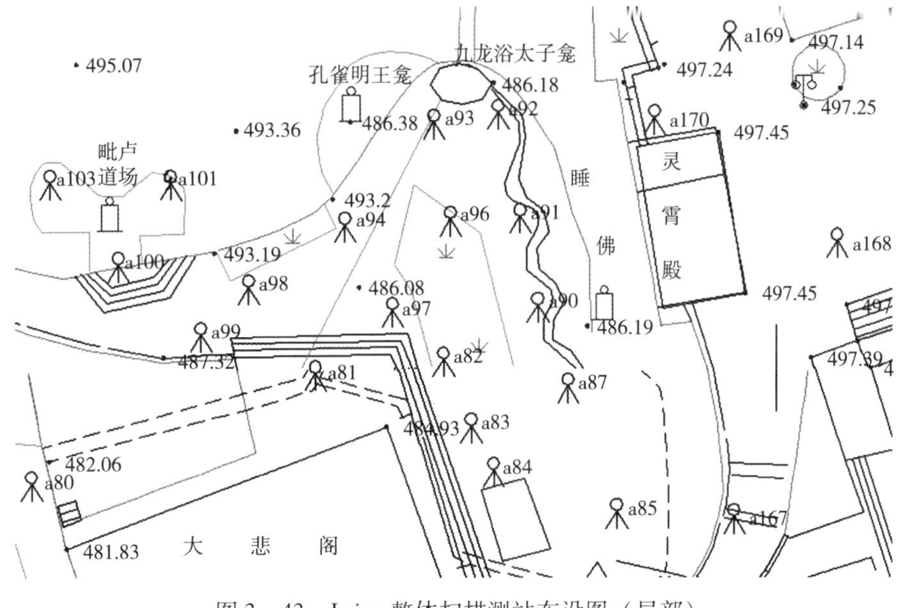

图 3 - 43　Leica 整体扫描测站布设图（局部）

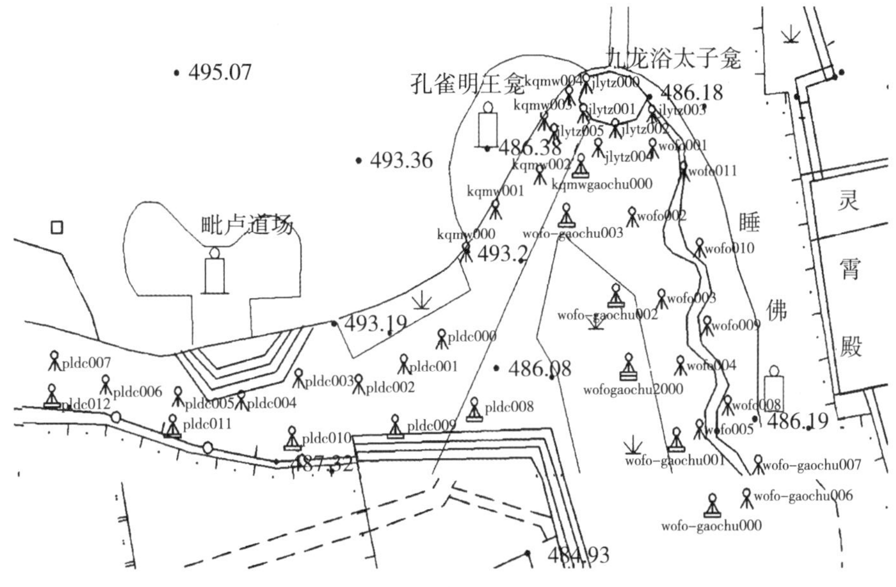

图 3 - 44　Faro 补充扫描测站布设图（局部）

（1）主站：每个龛窟或相对独立的文物对象前设置一主测站，主测站扫描范围尽可能覆盖整个扫描对象。

（2）辅站：在主测站周围，从不同角度设置若干补充扫描测站点。

（3）测站间：点云数据的重叠度要求不低于 20%。

3.3.4　点云数据采集主要成果

通过整体扫描，获取了大佛湾石刻本体及周围环境的原始点云数据，如图 3 - 45、图 3 - 46 为部分龛窟点云，点云数据具有精确的空间信息，在点云上可实现基本的量测工作，亦可作为数字展示的一类特殊素材，被作为一类尤为珍贵的文物信息予以永久存档。

图 3 – 45　大方便佛 Leica HDS6000 点云数据

图 3 – 46　父母恩 Faro Focus^{3D}点云数据

3.4　圆觉洞石窟精细三维扫描

如前所述，圆觉洞是大足石刻宝顶山大佛湾石刻精华洞窟之一，在世界上也是罕见的。之所以选择圆觉洞石窟作为前期精细扫描的重点对象，主要有以下几个原因：

1. 圆觉洞文物存在多种风险病害，保护研究工作亟待开展，如提高石窟顶板的稳定性等。

2. 圆觉洞的考古研究工作是大足石刻考古与保护的重要内容，需要精细化数据的支持。

3. 圆觉洞精华体现在集采光、雕刻、排水于一体的“三绝”，需要利用高科技手段进行其文物展示利用。

4. 圆觉洞文物不仅雕凿结构复杂，而且局部雕刻极为精细，属复杂异型结构文物的代表。

因此，通过圆觉洞的精细扫描，可为保护、考古研究、展示利用等提供高质量的模型、图件和数据，另一方面，也可为复杂异型结构文物的精细扫描采集工作探索经验。

3.4.1　采集要求

1. 数据完整性

与整体扫描数据采集原则相同，采集过程中首先保证整体的完整性，即圆觉洞石刻造像及周围环境；其次对每一造像或文物构件单体保证其数据的独立性和完整性；最后，在数据检查的基础上，采用手持或相对灵活的三维设备补充采集数据。

2. 数据精密度

根据预试验结果，设置点云密度为0.15毫米，以尽可能多的获取文物表面信息，经估算，以该参数设置扫描的文物表面的三维点数最高可达1亿点/平方米。

从图3－47的参照对比可以看出采集的点云数据可以很清晰地辨别出文物表面的金箔起翘等三维形态上的变化。

3. 仪器的检校

在扫描开始前，需要对精密设备进行现场检校，以保证在现场环境条件下设备达到最佳使用状态。

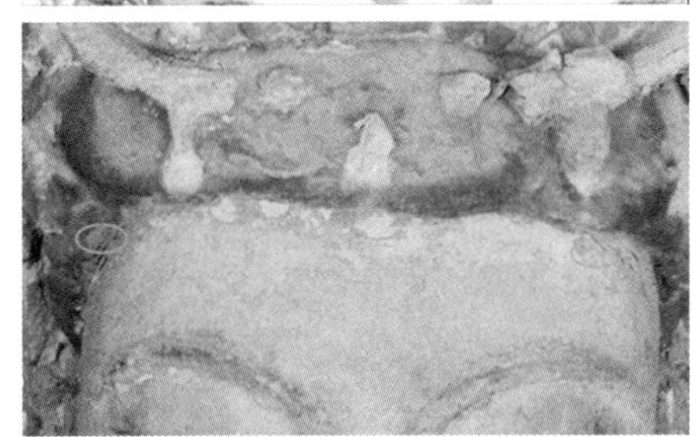

图3－47　扫描点云与实物参照对比

3.4.2　设备准备与人员组织

1. 仪器准备

（1）三维扫描设备Romer，用于三维精细数据采集。

（2）移动图形工作站，主要用于现场数据采集。

（3）图形工作站，主要用于现场数据检查。

（4）大容量移动硬盘，主要用于现场数据双备份。

（5）电缆及现场灯光设备，主要为现场提供电源和光线充足的工作环境。

（6）其他：UPS电源，以防止突然断电对仪器的损伤；除湿设备，由于重庆高温高湿环境，对设备灵敏性有显著影响。

2. 人员组织

（1）便携式关节臂测量机操作人员1名，辅助人员

1 名（主要负责连接电脑的数据接收，并引导操作人员的扫描工作）。

（2）数据质量检查 1 名，负责及时地检查扫描获取的数据是否合格，查看扫描数据的完整性、数据是否分层（由于脚手架震动等原因导致在多次扫描中数据分层）、相邻扫描数据之间是否有一定的重叠度等，并进行数据备份。

3.4.3 点云数据采集

1. 采集流程

采用关节臂测量机进行圆觉洞高精度三维扫描，其作业流程如图 3－48 所示：

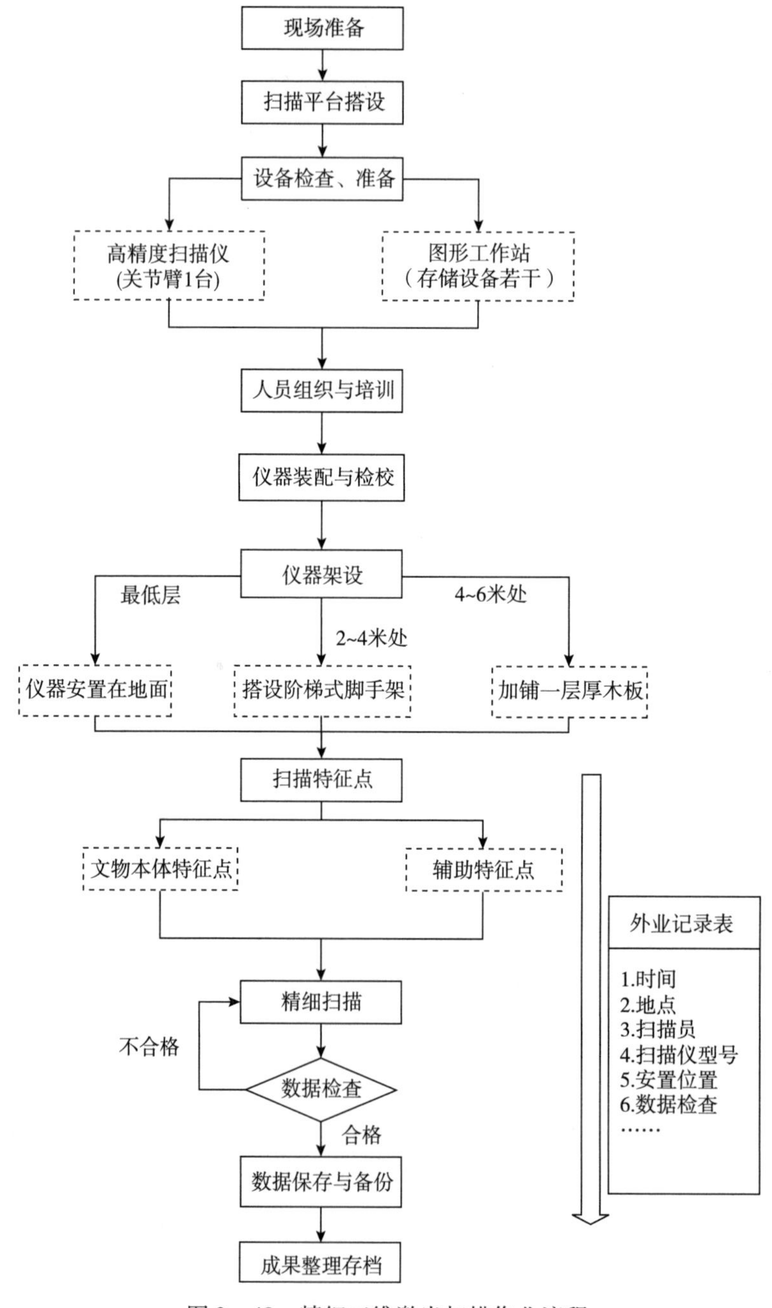

图 3－48 精细三维激光扫描作业流程

（1）现场准备

主要是对场地的稳固性、场地空间是否满足安置仪器的要求、仪器安置点进行踏勘。

（2）扫描平台搭设

由于关节臂测量机是短距离的测量设备，其测量最大高度为 2 米，而圆觉洞洞高约 6 米，故需搭设脚手架。然而，由于精细扫描设备在扫描过程中对场地的稳定性要求很高，极其微弱的晃动都会影响到数据的质量，必须尽可能保证扫描仪所在位置的稳定性，因此还对平台增加稳定性加固措施，如图 3－49。在现场条件允许的情况下，尽可能搭设人与扫描设备分离式脚手架，以减少晃动对数据产生影响。在圆觉洞搭设脚手架须满足如下要求：

图 3－49　工作现场脚手架平台

①安全性：在脚手架搭建和拆除的过程中一定要保证文物的安全和人员的安全，安装和拆除的过程中要有专门的安全员监督施工。

②稳定性：脚手架安装完成后要适时对平台进行稳定性测试，不合格时要采取加固措施。

③实用性：在保障文物的安全前提下，尽可能使脚手架靠近文物本体，以利于近距离采集高质量点云数据。

据此在圆觉洞分段多层搭设了固定脚手架，如图 3－50 所示。

（3）设备检查准备

对设备进行准备与检查，避免设备扫描过程中出现问题，耽误扫描进度。设计并打印扫描区域外业扫描记录表，应包含扫描仪安置位置示意图、扫描时间、扫描仪参数设置、仪器操作者、数据检查人员、填表人等内容，便于对扫描顺序、扫描数据进行标号和归档。

（4）人员组织与培训

针对扫描人员进行培训，包括文物安全、仪器安全、人员安全等。

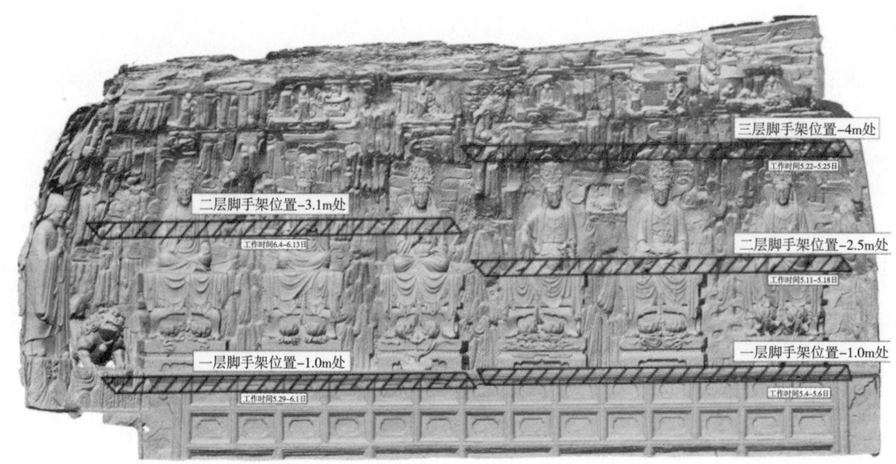

图 3－50　圆觉洞脚手架现场搭设位置图

（5）仪器装配与检校

关节臂测量机是精密型测量设备，在托运过程中震动会影响数据采集质量。为保证其测量精度，在扫描工作开展前需校准，在使用过程中视情况也需校准，待校准参数合格后方可进行扫描。

① 平面校准

选择一块校准用的平面，要求其平整度好，在现场可用 A4 打印纸，将激光头对准校平面，移动激光测头，激光线分别对准梯形区域上、下边缘，按下扫描键，则完成平面校准。

② 球校准

平面校准完成后再进行球校准。将校准球固定于机器臂长的50%处，且保证其与机器不发生相对位移。球校准一共有五个校准位置，前三个在水平方向成120°夹角分布，后两个位置在垂直向下成90°方向。

当完成上述步骤时会自动显示检校结果，检校结果要求精度平均值≤0.04 毫米，最大值≤0.1 毫米，当显示结果不满足精度要求时则需进行重新检校，直至符合标准精度。

（6）仪器架设

扫描工作需在搭设固定脚手架上完成。当扫描最低层时，仪器架在地面，由于现场比较潮湿，地面湿滑，仪器架设过程中对地面上进行防滑处理；当扫描 2～4 米处，搭设阶梯式脚手架；当扫描 4～6 米处，在原有基础上再加铺一层厚木板防止震动。

（7）扫描特征点

对于两个不同扫描站点的点云数据，需要进行点云拼接来满足数据的完整性。在单站点云数据采集中需扫描一定数量的特征点来满足点云拼接。特征点尽可能均匀分布在扫描区域内，较为有特征的部位，可选取文物本体凸起点、病害明显部位等。对于较为光滑的部位，特征点不容易选取，也可扫描辅助特征点。

（8）精细扫描

按扫描设计图纸的编号位置进行扫描，仪器操作人员与数据接收人员密切配合（如图 3－51），使扫描的点云保持要求的密度且尽可能覆盖完整。

（9）数据检查

每完成一个区域的扫描要及时保存数据，数据检查人员对数据进行检查，主要包括数据分层及数据完整性检查。

图3－51　外业数据采集

① 数据分层检查

点云数据分层相对严重的可直接通过扫描设备自带采集软件实时发现，如图3－52所示。而分层较小的点云则需通过建模软件进行专业检查，如图3－53所示。

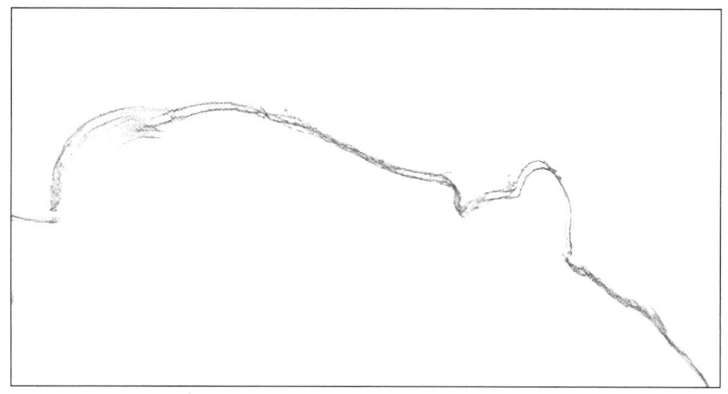

图3－52　分层严重点云检查

图3－53　点云分层现象专业检查

②数据完整性检查

数据扫描是分块扫描的，扫描时保证两个扫描对象有一定的重叠区域，才能保证后期数据处理时坐标系统一建立。图 3 – 54 为数据完整性检查示意图。

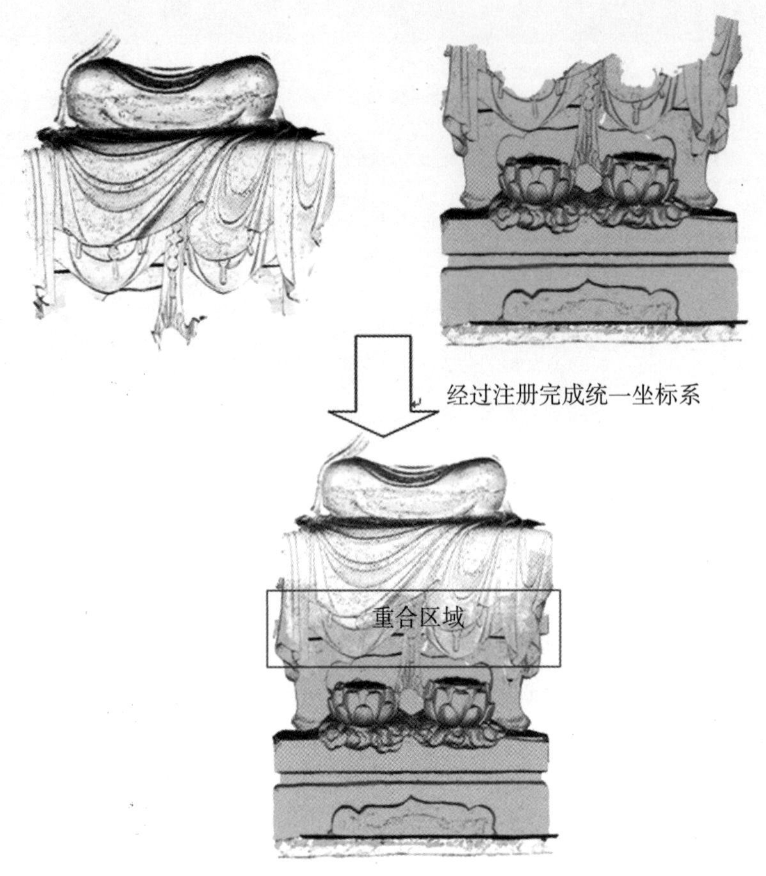

图 3 – 54　数据完整性检查

（10）数据保存及备份

数据检查合格后，及时保存，并备份到数据盘中，通常建议备份 3 份，以免数据损坏及丢失现象发生。同时，加强数据保密管理工作。

（11）填写扫描纪录表

安排一名人员做好现场记录，填写外业扫描记录表，内容包括数据检查的结果、扫描数据区域图纸标定等。扫描人员在整体扫描图纸中使用彩笔标绘出采集位置信息，数据检查人员进行二次核实，填写三维扫描现场记录表，以防遗漏。填写记录表时，应保证示意图清晰、标记明确易懂、字迹工整。

（12）成果整理存档

当天扫描数据，要实时进行数据统计及备份，同时备份到大容量硬盘中，保证数据不少于 3 份，现场负责人核实检查；外业图纸也放到相应的图纸文件夹中存档。

3.4.4　精细点云数据采集主要成果

通过精细扫描，获取了当前技术设备水平下圆觉洞最翔实的原始信息的留取，可作为一类尤为珍贵的文物信息予以永久存档，点云数据具有极其精确的空间信息，在点云上可实现基本的量测工作，点云亦可作为数字展示的重要数据源。据统计，其点云数达126.4亿，数据量约271G，如图3-55、图3-56为圆觉洞部分点云图。

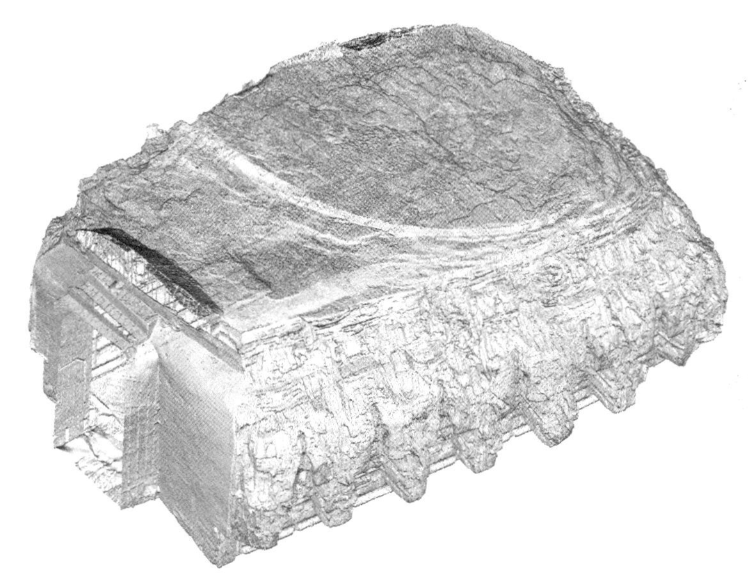

图3-55　圆觉洞整体精细点云图（透视效果）

图3-56　圆觉洞部分造像精细点云图

根据圆觉洞的精细扫描，对精细数据采集模式有如下经验与建议：

（1）三维扫描设备选择：优先考虑关节臂工业三维激光扫描仪，优点不仅在于其本身超高的精度，还由于其关节臂的灵活性能最大程度减少因测站拼接带来的误差影响。

（2）科学预试验：在正式扫描前，须进行采集预试验，以确定更合理的精度与密度。

（3）规范采集流程：结合现场情况，在扫描平台搭设、设备校准、人员培训、数据记录与质量检查、保存备份、整理存档等方面形成一套完整的数据采集规范。

3.5 纹理数据采集

纹理数据是大佛湾石刻文物信息数据采集的重要内容之一，纹理数据的质量关系到后期彩色正射影像图及三维彩色模型制作的整体效果。在纹理数据采集的过程中，首先，根据纹理分辨率计算出相机距石刻造像拍摄时需要达到的距离最大值（即要求拍摄时在此距离内进行）；其次，根据石刻造像周围光源情况确定灯光的布设；最后，调整相机的参数以达到拍摄要求，进行纹理数据拍摄。纹理数据采集应严格遵循采集标准，保证纹理颜色的原真性，避免光照不足、颜色失真、照片模糊等情况出现。在拍摄过程中，随时检查照片的质量，如出现上述情况，则需重新进行拍摄。

3.5.1 采集要求

1. 纹理分辨率

根据人肉眼正常视力的分辨率，即在明视距离25厘米处的分辨率约为0.1毫米，设计大足石刻大佛湾文物纹理采集分辨率最高为0.1毫米。结合现场情况，因大佛湾中心为陡崖，参观甬道狭窄，实际拍摄时无法保证所有位置均满足距离要求，故最终定为平均分辨率0.25毫米，最低分辨率为0.5毫米。见表3－1。

表3－1 拍摄距离计算表

影像分辨率	长	宽	面积	距离
0.1mm	0.514m	0.341m	0.175 m^2	1m
0.15mm	0.771m	0.511m	0.363 m^2	1.5m
0.3mm	1.543m	1.024m	1.577 m^2	3m
0.5mm	2.571m	1.707m	4.382 m^2	5m

2. 拍摄基本参数

（1）曝光均匀性

正确的曝光就是通过布光、量光、订光等环节，在石刻整体上实现良好的质感和色彩，如对石刻拍摄画面白色部分的层次（比如石刻地仗上的白底部分）和黑色部分（比如被烟熏的石刻）细节的体现，既需要技术控制手段，也需要摄影师根据经验做出主观判断，并通过测试灯光亮度等予以确定。

曝光量的控制是通过相机快门和光圈的调整共同实现的，光圈值决定镜头通光量，同时也影响拍摄画面的景深，每一款镜头都有一个较优的光圈级，如比较常见的尼康定焦镜头中，以f11和f16光圈级最为理想，但光圈决定景深的大小，光圈值也要根据采集的实际情况来调整，以保证拍摄画面的清晰度。

快门数值受闪光灯闪光时间等参数和镜头焦段等因素的限制，总体目标要保证图片的清晰。

（2）白平衡

白平衡控制就是通过图像调整，使在各种光线条件下拍摄出的照片色彩和人眼所看到的景物色彩完全相同。简单地说白平衡就是无论环境光线如何，仍然把“白”定义为“白”的一种功能。颜色实质上就是对光线的解释，在正常光线下看起来是白颜色的东西在较暗的光线下看起来可能就不是白色，还有荧光灯下的“白”也是“非白”。

在不同的光线照射下，目标物的色彩会产生变化。在这方面，白色物体变化得最为明显。为了尽可能减少外来光线对目标颜色造成的影响，在不同的色温条件下都能还原出被摄目标本来的色彩，就需要对数码相机进行色彩校正，以达成正确的色彩平衡，这称为白平衡调整。

尼康D4的综合表现非常优异，白平衡的精准度已经可以满足绝大部分的拍摄需求，但是现场拍摄时发现D4在使用红色色版的时候曝光略微欠了一点，使用蓝色色版测试的时候表现是最好的。因此，每次拍摄之前均采用灰度板进行白平衡调整，以保证相机对石刻颜色的精确表现。

表3－2为在大佛湾石刻定焦拍摄时的主要参数设置情况。

表3－2　大佛湾石刻文物纹理拍摄基本参数

相机参数		图像参数	
照相机制造商	NIKON CORPORATION	尺寸	4928×3280
照相机型号	NIKON D4	宽度	4928像素
光圈值	f/11	高度	3280像素
曝光时间	1/160秒	水平分辨率	300dpi
ISO速度	ISO－400	垂直分辨率	300dpi
曝光补偿	0步骤	位深度	24
焦距	70毫米	分辨率单位	2
最大光圈	3	颜色表示	sRGB
测光模式	图案	压缩的位/像素	4
闪光灯模式	无闪光	白平衡	自定义
35mm焦距	70		

3. 多角度覆盖

为后期制作三维彩色模型以及多角度平面彩色正射影像图，需进行多角度拍摄，如图3－57。

每相邻的两张照片，重叠度要求大于单张照片的1/3，如图3－58所示。

总之，采集的纹理数据要求主要包括以下几个方面：

（1）整体画面清晰，细节丰富，反差适中，透视关系准确。

（2）颜色信息管理规范，色彩还原准确。

（3）畸变形状满足三维彩色模型及正射影像要求。

（4）影像空间分辨率约0.25毫米（最高0.1毫米），近距离多角度获取高分辨率纹理信息。

（5）纹理照片记录格式为JPG、NEF。

图 3－57　多角度拍摄

图 3－58　相邻两张照片重叠度

3.5.2　设备准备与人员组织

1. 设备情况

所使用的相关设备列表如下：

（1）单反相机 1 台：D4 套机，尼康 Nikon AFS 24－70 ED 镜头；尼康 AF Zoom－Nikkor80－200 毫米 f/2.8D ED 镜头。

（2）相机三脚架：百诺 A1682TB01 个。

（3）色彩管理：白平衡灰板 3 块。

（4）灯光设备：专用摄影灯一套，引闪器 1 个。

（5）其他：数据存储设备。

2. 人员组织

在纹理数据采集过程中，所需人员如下：

（1）大佛湾纹理拍摄：拍摄员 1 名，辅助人员 1 名（协助拍摄员做好外业记录表及脚手架的搬运）。

（2）圆觉洞纹理拍摄：拍摄员 1 名，辅助人员 2 名（主要协助灯光的调整）。

3. 辅助设备

大佛湾造像整体均较高，而拍摄三脚架高度有限，在对造像进行数据采集时会因拍摄仰角限制使拍摄的纹理数据不清晰或不利于后期处理，与三维扫描外业一样，使用移动脚手架及升降平台辅助纹理数据采集。

3.5.3　纹理拍摄

为了系统高效地采集纹理数据，设计大佛湾纹理数据采集工作流程，如图 3－59。

（1）现场踏勘：主要是对场地的稳固性、场地空间是否满足搭设脚手架要求。

（2）现场准备：准备相机、闪光灯、存储卡、备用电池等现场拍摄所需设备。

（3）设备校准：调整相机参数，设置白平衡。

（4）灯光布置：布置所需的灯光。

（5）拍摄目标：用调整好的相机对需采集目标进行有序的拍摄。

（6）数据检查与保存：拍摄数据是否符合要求、是否完整，需现场进行检查，检查合格数据及时保存。

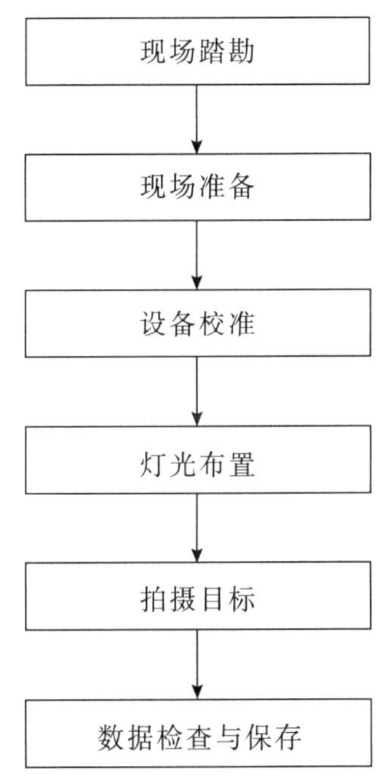

图 3－59　纹理数据获取流程

石刻结构复杂，且采集的数据量庞大，进行必要的数据管理和检查是保证数据质量的重要步骤，主要从以下几方面进行质量检查：

① 检查的时间节点

在前期信息采集阶段，摄影师在图像拍摄时边拍摄边检查。后期处理者在工作现场对摄影师所采集的数据拷贝至笔记本电脑或图像工作站时，现场进行检查，若合格，后期处理人员签字确认；若图像数量不够或是需要补拍，则需纹理采集人员进行重拍或者补充拍摄。

② 拍摄时检查确认

摄影师每拍摄一张图像后，在现场要通过相机显示屏内放大图像并检查相关参数。如在弱光环境拍摄时，即便是使用三脚架，亦有可能发生图像虚焦的情况。所以，这一步的检查非常重要。

③ 相应记录表及质检表

拍摄完成后，对照片质量进行检查与记录，并填写相应的表格。

3.5.4　纹理数据采集主要成果

近距离多角度获取大佛湾石刻全部高清纹理信息，经统计照片总数约 47810 张，数据量达

1639GB。通过对大佛湾石刻纹理的拍摄，对文物纹理数据采集有如下建议：

（1）分辨率和拍摄距离确定：结合现场情况、拍摄设备及工作需要，确定纹理分辨率，并计算拍摄距离位置。

（2）多角度重叠拍摄：进行多角度拍摄，一般要求单张照片间重叠不低于1/3，在弧度位置、造像衔接位置需补充多张照片。

（3）拍摄环境准备：如洞窟内的拍摄需要布设灯光以尽可能消除阴影，搭设简易脚手架以实现近距离正射拍照。

（4）其他摄影相关技术把握：从专业摄影角度，对光圈、快门、白平衡等参数进行专业设定。

第 4 章　大足石刻大佛湾文物三维重建

4.1　三维数据处理方案设计

4.1.1　目标内容

通过三维激光扫描及纹理拍摄，获取了大佛湾海量的点云数据和纹理数据，这些数据是文物原始的信息，在实际应用时，还需进一步进行数据处理，方能在文物保护工作方面发挥作用。原始的点云数据仅能够进行基本尺寸的量取及浏览展示，需要由点云构建三维模型，再贴上彩色纹理，从而更逼真地展现文物现状特征，更好地支持相关的文物保护工作。然而，目前普遍存在的一个问题是数据处理的深度把握。由于数据成果使用者的关注点不同，而导致对数据成果的要求有差异，如文物保护规划人员对整体性要求较高但对局部尺寸精度要求较低，考古研究人员注重细微雕刻艺术而强调较高精度，两者需要的模型和图件也都存在一定差异。为此，结合第 3 章数据采集分期实施的思路，确定三维数据处理目标为：结合大佛湾常见文物保护工程（如设计、考古、数字展示、修复、监测等）的共性需求，研究制作规范化的三维基础模型及图件。具体内容如下：

1. 点云数据处理：点云预处理及点云拼接。
2. 三维建模：大佛湾整体三维模型、圆觉洞精细三维模型。
3. 纹理贴图：通过纹理映射原理及方法，构建圆觉洞彩色三维模型。
4. 基础图件制作：正射影像图、特征部位图件（剖面图及线图）。

4.1.2　实施方案制定

三维数据处理主要包括数据准备、数据预处理、三维模型构建及基础图件制作等，如图 4 - 1 所示。

4.2　点云数据处理

点云数据处理包括点云预处理、点云拼接。根据第 2 章三维激光扫描数据处理原理及方法，对大佛湾石刻三维激光扫描数据进行点云数据处理。

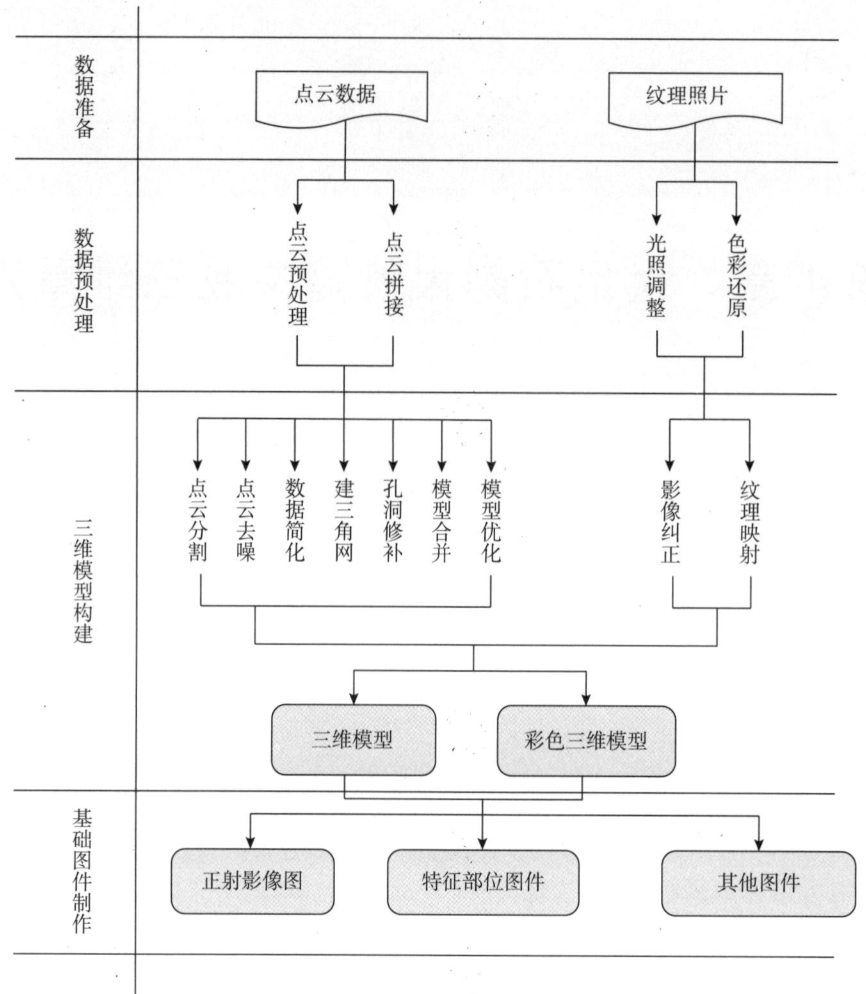

图4－1　三维数据处理基本流程

4.2.1　点云预处理

（1）数据准备

用专业软件打开单站点云数据，同时做好原始点云的备份。

（2）数据检核

在扫描现场已经进行了点云数据检核部分工作，如点云数据的缺失程度及点云分层情况等，但无法保证所有采集数据都符合标准。因此在正式处理点云前，均须再次进行数据检核工作，一旦发现点云缺失或数据分层严重，就要将本站数据剔除，转而寻求是否有其他测站数据可以替用，如均无法实现则需重返现场进行补测。图4－2为华严三圣之文殊菩萨造像的点云数据检核示意图，可见点云整体完整性较好，且局部没有分层现象。

（3）粗差剔除

由于点云数据采集时，难免出现人为因素等造成的粗差或无关信息，须予以剔除，可由专业软件采取人工交互操作的方式进行。在大佛湾扫描时使对现场进行了精心准备，且尽量避免游客在场时进行扫描，故因外界环境干扰而产生的粗差较小，如图4－3，人工剔除粗差工作较少。

图 4－2　点云数据检核

（4）单站点云模型

经过上述步骤的数据处理，最终形成单站三维点云模型，如图 4－4，将此模型作为重要成果之一进行保存备份。

4.2.2　点云拼接

通过对单站点云的检查发现，由于扫描角度及距离问题，无法在一站就实现某一龛造像的完整的点云数据采集，需要通过多站数据进行补测，从而形成完整的点云数据。

针对大佛湾石刻三维激光扫描点云数据，运用了以下 3 种点云拼接方式：

（1）基于标靶拼接

在大佛湾扫描中主要用到了三维扫描设备自带的两种标靶：平面标靶和球形标靶。数据拼接时利用 2 个扫描测站之间至少 3 个以上的标靶进行拼接。图 4－5 为基于标靶拼接的示意图。

（2）基于控制点拼接

大佛湾整体扫描时包含多个测站扫描数据，仅通过相邻扫描站点相同标靶点进行点云配准，其工作量大且融合的点云数据因累积误差而容易出现分层。因此，需要布设工业级控制网，将控制测量数据与激光扫描数据进行融合。在大佛湾现场进行石刻扫描时，同时进行工业级控制网施测，共用标靶，同时使用 Leica Ts30 测量标靶中心点坐标及 Leica HDS6000 扫描标靶中心点三维坐标。

在具体工程实施中，以控制测量成果为基准数据，将点云数据统一到独立坐标中，经控制点拼接，

图 4－3　粗差剔除

图 4－4　单站点云模型

点云拼接成果见图4－6，其成果精度为±1毫米（图4－7），

（3）基于特征的点云数据拼接

由于在大佛湾点云数据补测时，往往未能按以前同样位置设置标靶，与主站点云数据拼接时，只能利用两站同名特征点进行数据拼接。特征点的选取往往要求个数在4个以上，且不在同一平面图，因此需两站数据具有较多的重合部分，即要求补测数据时需要在补测区域周边尽可能多采集一部分数据。如图4－8为同名特征点拼接示意图。

图4－5　基于标靶的点云拼接

4.2.3　点云除冗

原始点云数据经过点云预处理和点云拼接，就形成了大佛湾整体或某个龛窟完整的点云。此时的点云数据还包含了较多的冗余数据，这些冗余信息对模型建立或特征的提取会形成干扰，需选择合适的算法对点云数据进行除冗。针对大佛湾扫描数据，经试验采用了区域合并及重采样的方法进行数据除冗，最终获得高质量的完整的点云数据。在此点云上可直接量测数据，也可用于展示。将这些点云数据作为珍贵资料进行存档备份，以准备后续三维建模。

通过以上点云数据处理步骤，最终获得大佛湾整体的点云数据，如图4－9。

图4－6　基于控制点的点云数据拼接

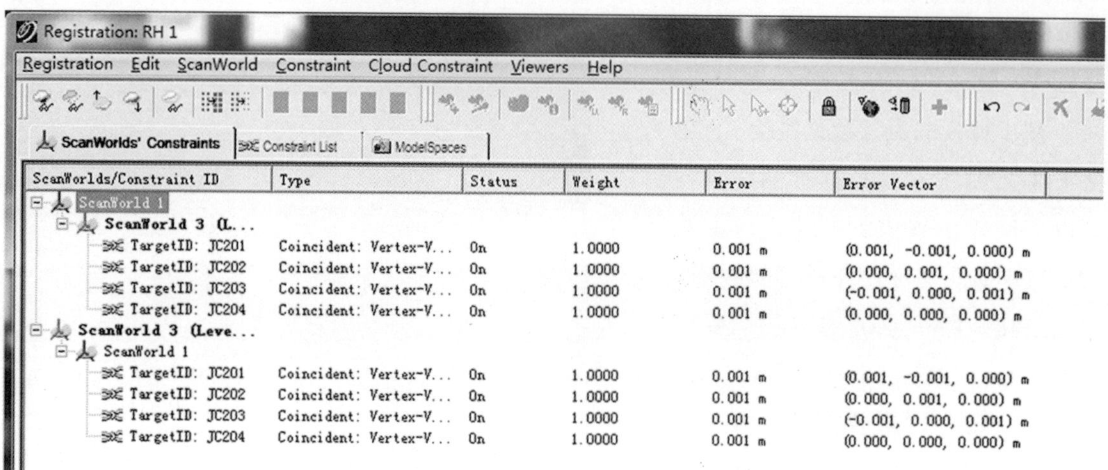

图 4－7　点云评价精度成果图

a

b

c

图 4－8　基于特征的点云拼接

a. 单站 HDS6000 数据　b. 单站 Faro Fous^{3D} 补测数据　c. 拼接结果

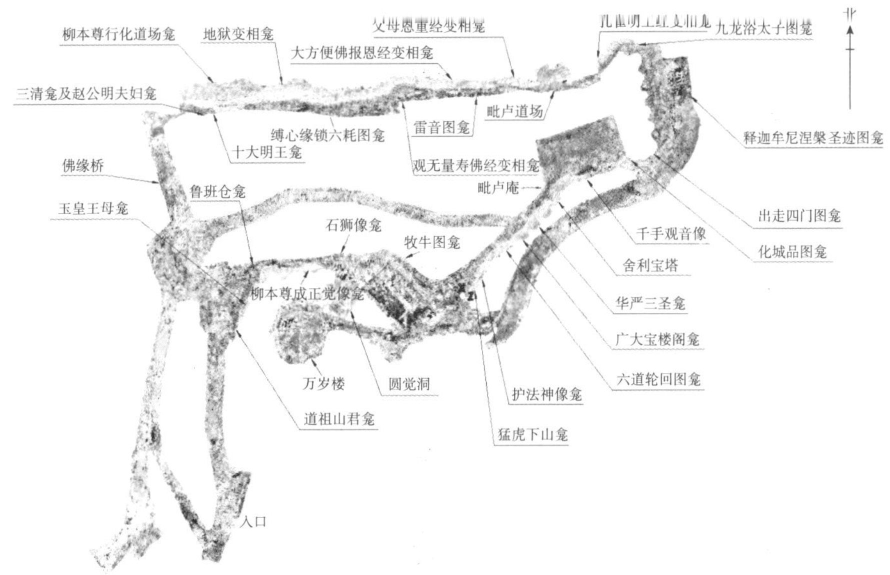

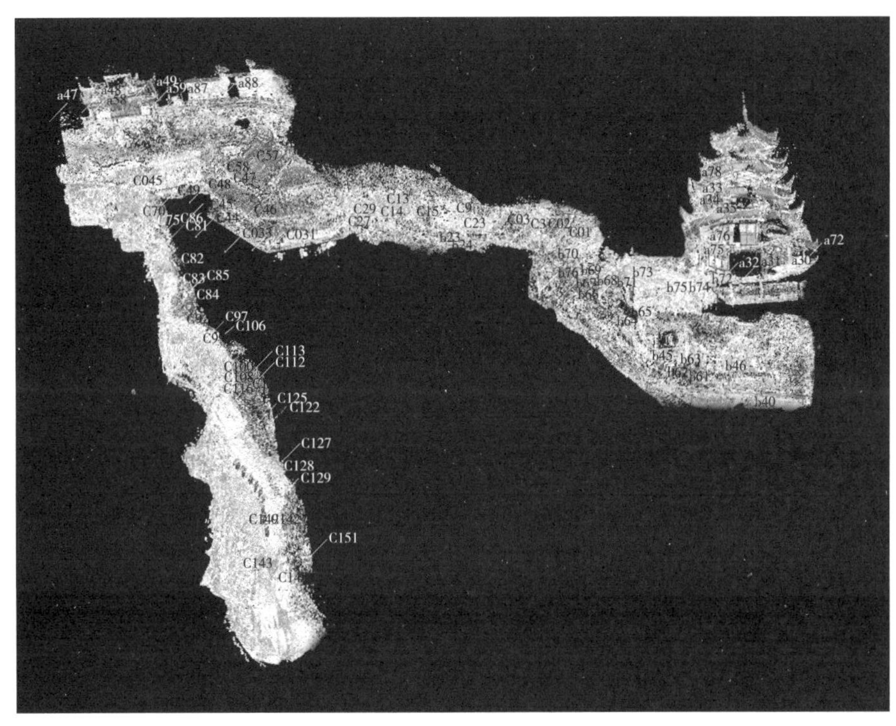

图4－9　大佛湾整体点云数据

4.3　三维建模

文物三维建模与一般物体三维建模有所不同，主要在于文物多为人工打造，具有不规则外形，特别是由于文物表面存在病害而使得外形更为复杂，另一方面目前普通计算机在海量数据处理性能方面仍然存在一定限制。因此，在文物建模时需要多尺度建模，以满足不同要求，在实际建模时需要进行整体建模而把握其主要轮廓，还要进行局部精细建模而突出其细节。

大佛湾建模思路：根据大佛湾采集到的三维数据，对大场景扫描仪获取的大佛湾点云数据进行整体建模，以展现整个大佛湾基本状况及各龛窟之间的关系；对圆觉洞点云数据进行精细建模，以真实再现大佛湾石刻文物细节。

4.3.1 整体三维建模

大佛湾整体建模对象主要包括：31 龛造像及周边环境等。针对 31 龛窟进行逐一建模，建模完成后统一到一个坐标系下，形成一个统一的整体模型。整体三维建模的主要内容包括：确定边界、点云降噪、数据简化、三角网模型建立、模型合并、模型后处理等，如图 4－10 所示。

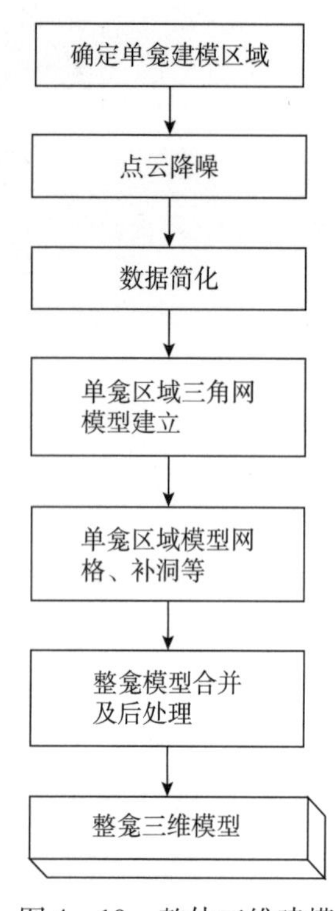

图 4－10 整体三维建模

（1）确定边界

由于点云数据的海量性、计算机硬件及数据处理软件等限制，对较大的对象需要分开建模。以华严三圣龛窟为例，根据其造像的大小，可分为 3 个区域进行建模，如图 4－11 为其中一个区域的点云数据。

（2）点云降噪

经过前一节介绍的点云数据处理后，由于设备及环境等原因，点云仍然存在一定噪声，需根据第 2 章中叙述的点云降噪的处理方法，利用三维数据处理软件对点云数据进行如下操作：选择体外孤点，选择非连接项，减少噪声等。

（3）数据简化

考虑到数据的海量性，在建模之前需进行数据简化处理，采用基于曲率采样的方法，采样点间距约 2 毫米。

图 4－11 华严三圣建模区域划分

（4）单龛区域三角网模型建立

可以根据实际的点云数据量来进行三角网模型的建立，建立三角网模型个数一般为点云数据的1.5倍，如图4－12所示。

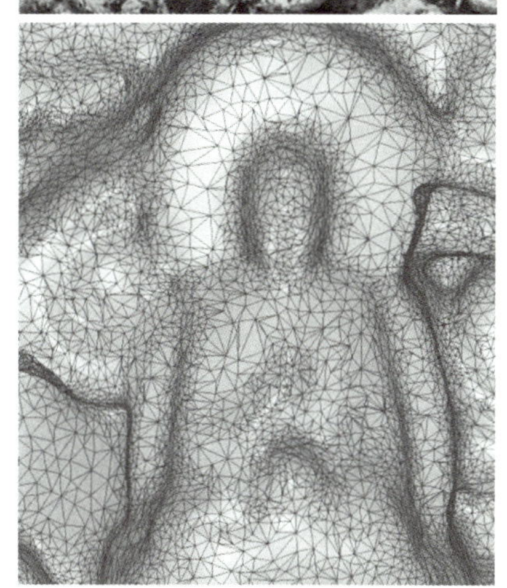

图4－12　三角网模型

（5）区域模型网格处理

三角网模型建立完成后，存在钉状物、小组件、自相交、高度折射边以及孔洞，需进行网格处理。

此外因无法避免的数据缺失而形成的较大孔洞则需要专门处理，如图4－13。在补洞的过程中使用曲面来进行填充，根据实际情况需要进行搭桥、边界删除等相关操作，可参考可见光照片使补洞在最大程度上保留原状。

（6）模型合并及后处理

按相同方法对华严三圣龛其他造像单独建模，得到若干模型，为形成整体的三维模型，则需进行模型合并，合并后对整个三维模型还需再次进行网格处理，尤其是边界的修剪处理。

（7）三维模型

经过上述处理后，形成整体或某一龛窟完整的三维模型，如图4－14。

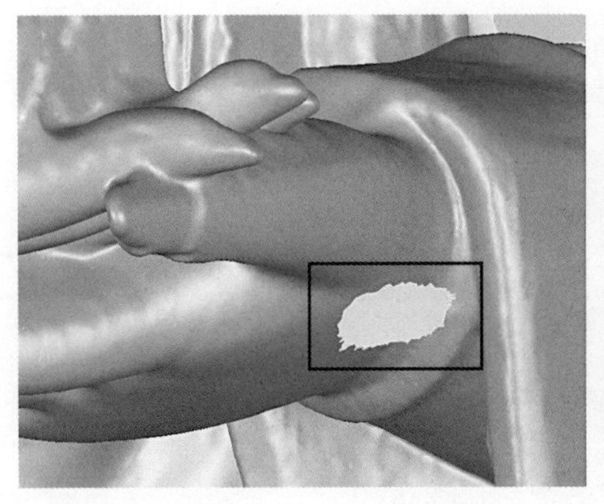
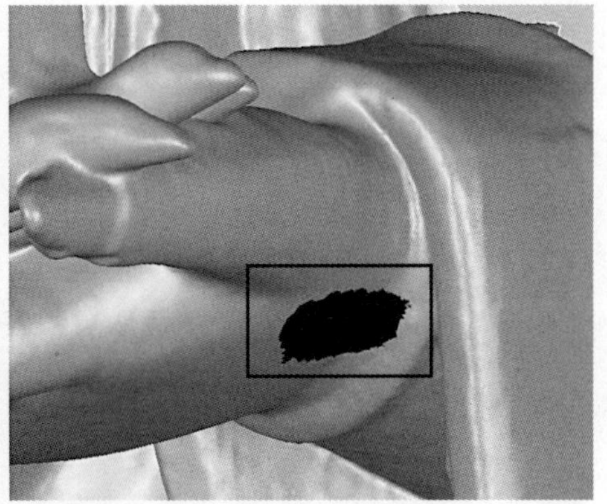

图 4－13 模型补洞示意图

图 4－14 华严三圣龛整体三维模型

4.3.2 精细三维建模

精细三维建模的主要内容包括：数据分块、点云降噪、数据简化、三角网模型建立、模型处理、模型合并，最终形成三维模型，其流程如图 4－15 所示。

（1）数据分块

与大佛湾大场景整体扫描数据相比，圆觉洞的精细扫描数据量更为海量，其中一单尊佛像点云数据拼接完成后就达 2.4 亿个点。按照目前高性能计算机也无法处理如此之大的数据。因此，对于精细点云，首先要对点云数据进行分块处理。根据试验，确定了“4000 万/块，分块数据无重叠”的基本要求，以圆觉洞东侧贤善首菩萨造像为例，将整个数据分为 6 块，如图 4－16 所示。

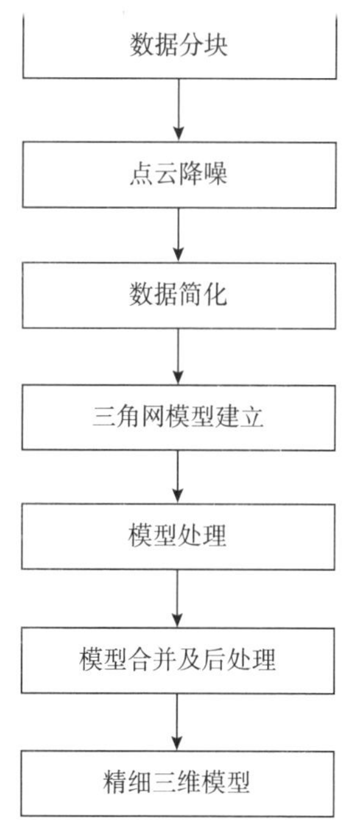

图 4－15　精细三维建模流程图

（2）点云降噪

由于精细点云数据采集时，轻微的震动或重复扫描时，均容易产生噪声数据，如图 4－17。一般通过选择体外孤点、选择非连接项、减少噪声等步骤进行点云降噪。对于降噪参数的选择需根据试验和经验判断进行，对于圆觉洞的精细点云，如利用 Geomagic 软件降噪，参数选择级别为 1、棱柱形（积极）时，处理效果最佳。

（3）数据简化

为去除冗余信息，在精细建模之前需进行简化，对于圆觉洞石窟进行数据简化时，采用曲率采样的方法，采样点间距要求为 0.15 毫米。

（4）三角网模型建立

对经过上述处理的点云数据来进行建模，局部造像建模效果如图 4－18 所示。

（5）模型处理

三角网模型建立完成后，需进行网格处理，如去除钉状物、小组件、自相交、高度折射边，以及填充小孔、小通道。对于较大的孔洞，采用曲面来进行填充，根据实际情况需要进行搭桥、边界删除等相关操作。模型处理时，可参照可见光照片进行，从而使得模型更逼近原物。

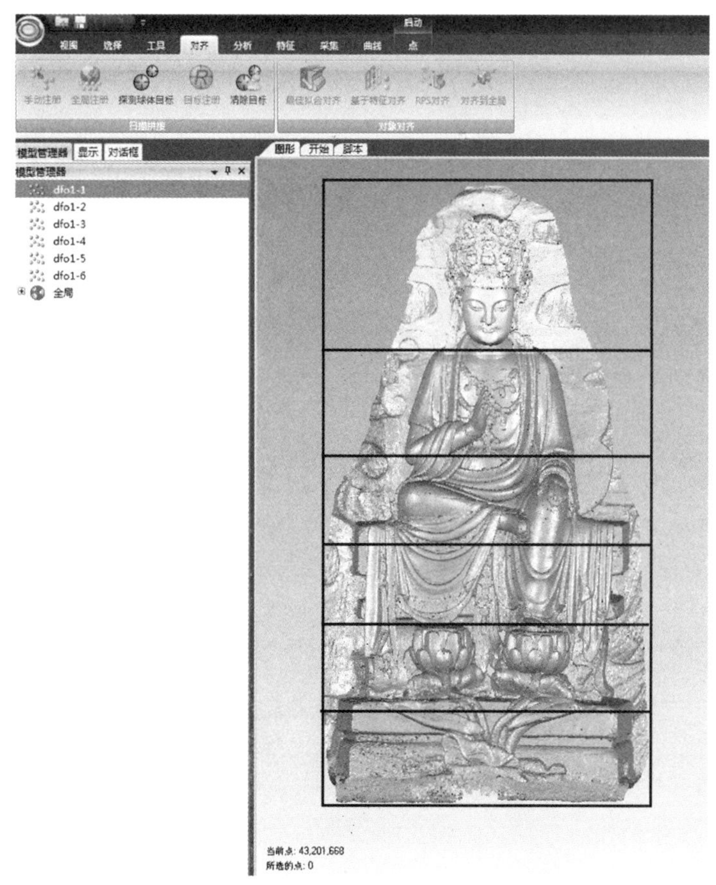

图 4－16　点云数据分块

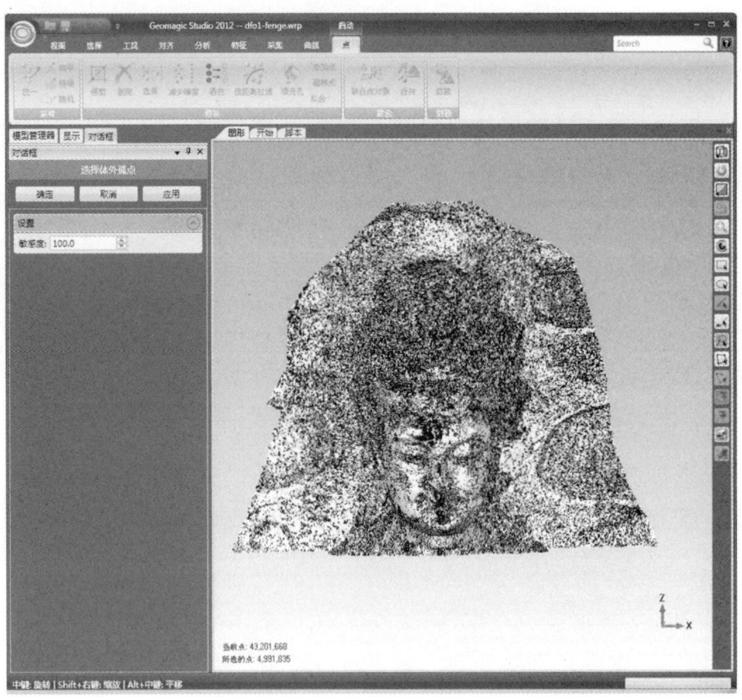

图 4－17 点云降噪

图 4－18 精细建模局部

（6）模型合并及后处理

按相同方法对其他分块数据进行单独建模，通过模型合并即获得整体精细模型，合并后还要对整个三维模型再次进行网格处理，尤其是边界的编辑处理。

（7）精细三维模型

经过上述步骤的处理，最终形成圆觉洞贤善首菩萨的精细三维模型，如图4－19。与纹理照片相比照，可见精细模型能充分体现其细节。

图4－19　精细三维模型

4.4 三维彩色模型构建

通过前面的三维建模，获取了大佛湾文物的三维模型，属于几何形态模型，具有精准的尺寸，能满足一般文物保护应用，但是未含材质纹理信息。大佛湾石刻是集雕刻、彩绘、贴金为一体的造像群，在实际保护工程中，也不单纯对石质胎体进行保护，为使三维扫描数据更好地服务于大佛湾文物保护应用，需要建立三维彩色模型，这也是数字展示的重点需求。

三维彩色模型构建基本方法为：根据点云数据建立的三维模型及拍摄的纹理数据，利用纹理处理及三维贴图相关软件，经模型简化、光照调整、色彩还原、影像纠正等基本步骤，依据纹理映射原理，将纹理赋予三维模型，从而建成三维彩色模型。

4.4.1 纹理贴图原理

三维模型到图像之间的投影关系是一种三维到二维的映射，也是一种多对一的映射。对于模型表面的每一个三维点，借助于投影矩阵，我们可以很轻松地计算出它在图像平面上的映射位置；但反过来，对于图像平面上的每一个像素位置，则可能会有多个三维点映射于此，这些点相对于该像素有一个前后的分布，而只有最前面的那个点，才真正显示在图像上，最终输出彩色模型。

在数字影像纠正过程中，首先将点云坐标所在的激光扫描基站坐标系作为物方坐标系，依据共线方程建立点云模型中点 P（X_p，Y_p，Z_p）与像面中的对应点 p（x_p，y_p）之间的转换关系。

共线方程：

$$x=-f\frac{a_1(X-X_s)+b_1(Y-Y_s)+c_1(Z-Z_s)}{a_3(X-X_s)+b_3(Y-Y_s)+c_3(Z-Z_s)}$$
$$y=-f\frac{a_2(X-X_s)+b_2(Y-Y_s)+c_2(Z-Z_s)}{a_3(X-X_s)+b_3(Y-Y_s)+c_3(Z-Z_s)} \tag{4-1}$$

转换关系式：

$$x_{\mathrm{p}}-x_{pp}+\Delta x=-f\frac{(X_p-X_C)m_{11}+(Y_p-Y_C)m_{12}+(Z_p-Z_C)m_{13}}{(X_p-X_C)m_{31}+(Y_p-Y_C)m_{32}+(Z_p-Z_C)m_{33}}$$
$$y_{\mathrm{p}}-y_{pp}+\Delta y=-f\frac{(X_p-X_C)m_{21}+(Y_p-Y_C)m_{22}+(Z_p-Z_C)m_{23}}{(X_p-X_C)m_{31}+(Y_p-Y_C)m_{32}+(Z_p-Z_C)m_{33}} \tag{4-2}$$

其中：Δx，Δy 是旋转参数的改正数，m_{ij}是旋转矩阵 R 的转置矩阵中的元素，而旋转矩阵 R 则依赖于 P 点相对于坐标轴的三个旋转角度。

像主点用 pp（x_{pp}，y_{pp}）来表示，（Δx，Δy）是像点坐标自身需引进某种系统误差的改正值，可以用下式来表达：

$$\begin{cases}\Delta x=a(y_{p}-y_{pp})+k_1r^2x+k_2r^4x+P_1[r^2+2(x_p-x_{pp})^2]+2P_2(x_p-x_{pp})(y_p-y_{pp})\\ \Delta y=\beta(y_{p}-y_{pp})+k_1r^2y+k_2r^4y+P_1[r^2+2(y_p-y_{pp})^2]+2P_1(x_p-x_{pp})(y_p-y_{pp})\end{cases} \tag{4-3}$$

式中，α、β 为数字影像上 x、y 两方向不垂直或者比例尺不同情况下的几何修正参数；k_1、k_2为光学透镜的径向变形参数；P_1、P_2为透镜的切向变形参数；r 为镜头透镜的径向距。对应点的物方和像方坐标已知，利用线性变换解法求解内、外方位元素。共线方程和上式中的 15 个未知数，需要 15 个方程，即需要8个同名控制点来求解未知数，从而实现对原始数字影像的几何校正。图4-20为纹理贴图示意图。

图4-20　纹理贴图示意图

4.4.2　纹理贴图流程

纹理贴图主要包括数据准备、模型处理、纹理贴图、贴图颜色处理、彩色模型输出等过程，如图4-21。

1. 数据准备

模型数据：将建好的三维模型在相关专业软件中转换成贴图软件支持的常用格式文件，如　.OBJ。

纹理数据：从外业采集的纹理数据中选取对应位置处的照片若干张，应尽量选择建模对象各面的正视照片。

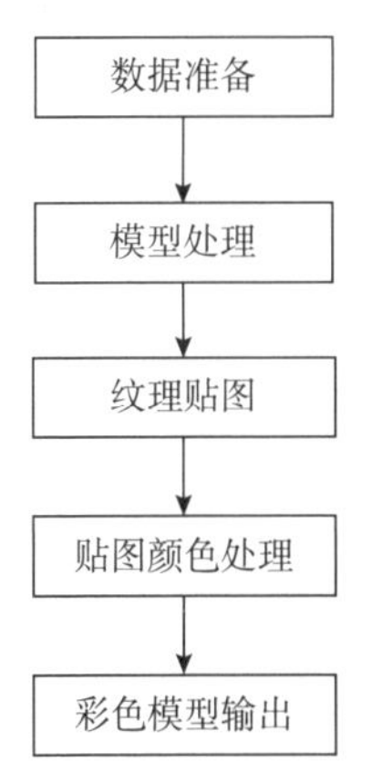

图4-21　纹理贴图流程

2. 模型处理

据统计，对于圆觉洞单尊造像而言，建立的精细模型其三角形网格数量约为2.1亿个，而1台中等性能配置的计算机（内存16G）仅能支持显示具有7000万个三角形以下的模型。另一方面，在纹理数据采集时，为获得高清晰纹理，进行了多角度分局部的拍摄。因此，需要分区域贴图，首先，对三维模型进行简化及分块处理。对于圆觉洞单尊佛，经试验，可分为6个区域进行贴图，每个区域三维模型的三角网数量简化至30万，如图4-22所示。

3. 纹理贴图

在简化的模型和纹理照片上分别选定同名点，依上述纹理映射原理计算所得的结果误差较小，且可利用多余同名点进行联合平差，从而将纹理映射于该模型对应位置之上，完成此区域的贴图。

4.4.3 贴图颜色处理

分区域完成贴图后，各区域交界位置难免存在色彩不一致的现象，即存在接缝问题。对初步建好的三维彩色模型进行检查，对存在此类问题的相关照片进行颜色处理，处理完后再次贴图，重复进行，直至消除接缝问题。

4.4.4 精度要求及控制

为使三维彩色模型具有较高精度，一般要求点位中误差≤2.5毫米。为达到此精度要求，根据大佛湾贴图经验，要求如下：

（1）纹理照片需较高分辨率，大佛湾的纹理分辨率定为平均0.25毫米。

（2）利用相关软件实现纹理映射时，同名点选取尤为关键，需要对贴图技术人员进行良好培训。

（3）当贴图对象特征点不明显时，需在前期点云数据采集、纹理照片拍摄阶段，增加辅助特征点。

4.4.5 纹理贴图成果

经过上述步骤，最终获得文物三维彩色模型，如图4－23、图4－24。

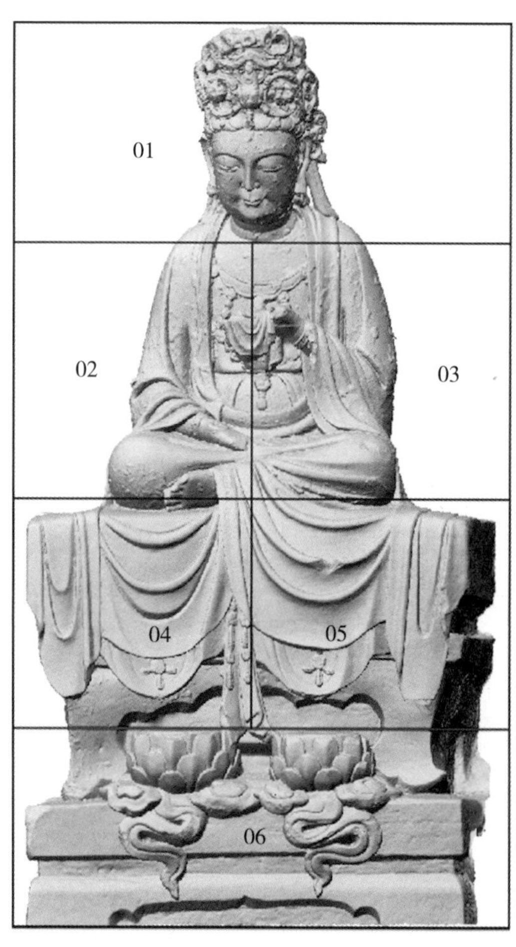

图4－22 纹理贴图模型分区示意图

图4－23 圆觉洞普贤菩萨三维彩色模型

图4－24　圆觉洞东侧三维彩色模型

4.5　正射影像图

数字正射影像图（Digital Orthophoto Map，DOM），是利用数字高程模型经过逐像元进行投影差改正、镶嵌、剪裁生成的影像数据。它是一种既具有相片影像特征同时又具有线划地图数学、几何与制图特征的图件。由于它包含的信息丰富、直观性强，具有可测量性，成为工程项目中不可或缺的一类基础图件。在大佛湾的相关文物保护工程中，包括病害调查、考古研究、保护工程设计、监测、展示等均需要正射影像图的支持。

利用三维激光扫描数据和纹理照片可轻松制作高精度的正射影像图，具体制作流程如图4－25所示。

正射影像图制作过程如下：

1. 前期准备

本项工作主要指模型和纹理数据准备，工作方案制定，绘制正射影像图样例，并制定绘制规范，在此期间进行多方面专家咨询，最终形成绘制样例。

2. 制作过程

首先制作纹理模型，以此为基础数据制作正射影像图。

图4－26为华严三圣之普贤菩萨正射影像图。

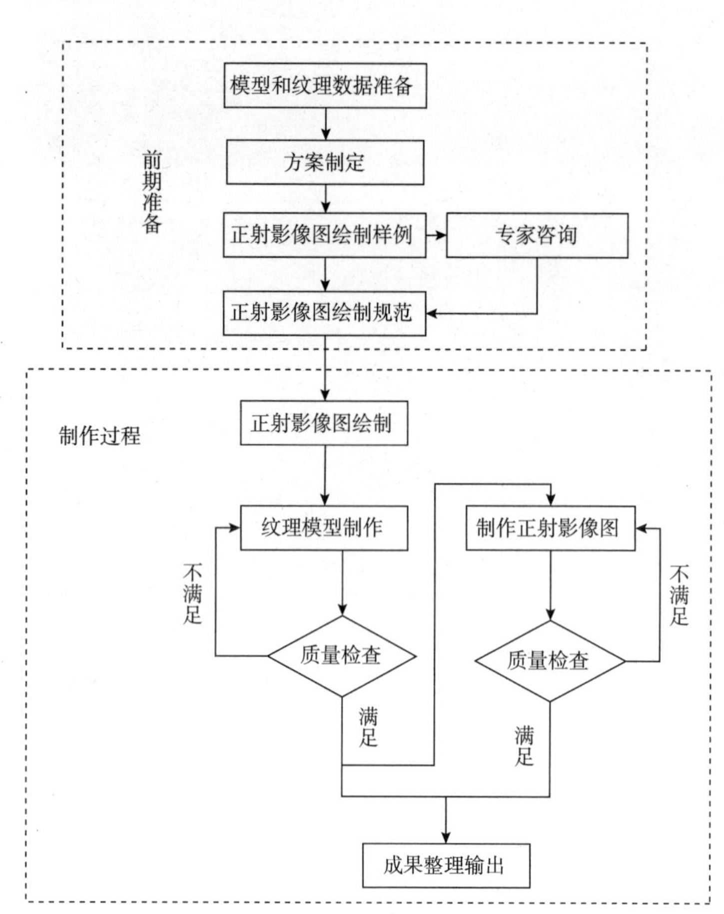

图 4－25 文物正射影像图制作流程图

图 4－26 普贤菩萨正射影像图

4.6 特征部位图

文物保护工程中常常关注文物特征部位的形态及相关尺寸数据，而传统测绘方式又难以表达特征部位相关信息，依据三维扫描建立的三维模型和正射影像图可便捷地生成准确而直观的特征部位图件。其中，剖面图和线划图是文物保护工程中最常用的两类基础图件。

4.6.1 剖面图

剖面图又称剖切图，是通过对有关的图形按照一定剖切方向所展示的内部构造图示，即假想用一个剖切平面将物体剖开，移去介于观察者和剖切平面之间的部分，对于剩余的部分向投影面所做的正投影图。文物保护工程中将剖面图作为详细设计重要内容，常用于指导施工等用途。常见的剖面图类型分为：全剖图、半剖图、阶梯剖图、展开剖图等。

根据三维扫描数据而建立的模型，可轻松进行任意位置的剖切而形成多种剖面图。图 4－27 为圆觉洞部分剖面图。

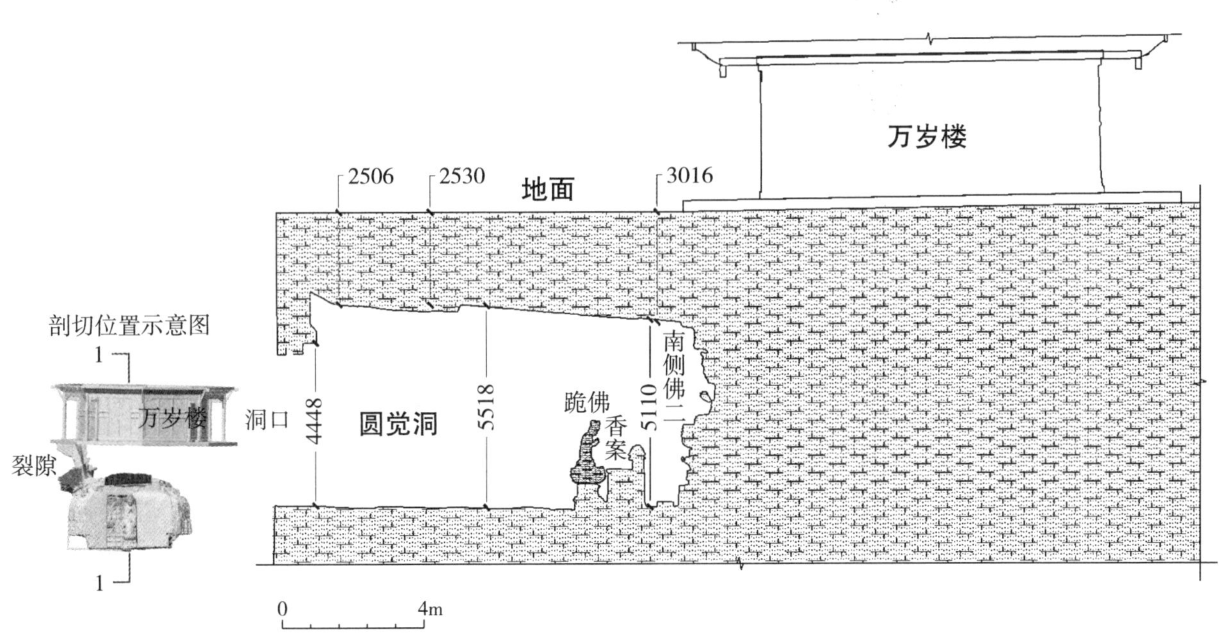

图 4－27　圆觉洞剖面图

4.6.2　线划图

文物工作者常用线划图来表现文物的基本形态，特别是在考古中应用较为广泛。线划图传统上由人对照文物手工绘制而成，往往对人的手工能力有很高要求，其精度和准确性均存在问题。利用三维扫描和摄影技术制作而成的正射影像图，方便了文物线划图的绘制工作，绘制人员可直接在具有尺寸的正射影像图上勾勒出高精度的线划图。当然由于普通人员在绘制时缺乏对石窟造像艺术的把握，往往还需要考古和艺术人员的参与和完善。借助 AutoCAD、Photoshop、Adobe Illustrator 等软件制作线划图，如立面图、剖面图、透视图等，以二维线形式表现石刻特征，描述石刻基本形状，在线划图上可实现石质文物基本尺寸量算。参考石刻线划图，建立矢量数据库，进行专题信息留存，可为后续保护修复工作提供数据和参考。

1. 绘制工具准备

按照真实尺寸将正射影像图导入 Adobe Illustrator 绘图软件中，使用数位板进行线划图绘制。

数位板，又名绘图板、绘画板、手绘板等，是计算机输入设备的一种，通常是由一块板子和一支压感笔组成，它和手写板等作为非常规的输入产品相类似。与手写板所不同的是，数位板主要针对设计类的办公人士，用作绘画创作方面，就像画家的画板和画笔。我们在电影中常见的逼真的画面和栩栩如生的人物，据说就是通过数位板一笔一笔画出来的。数位版的特点在于：

（1）实时

通过数位板与电脑相连接，安装配套的软件使用数位板与电脑软件相互通信，使用时打开软件，在数位板上使用压感笔进行绘制线条，就可实时传输到电脑上，达到了完全的同步性。

（2）操作可逆

通过压感笔绘制线条的过程中，如果绘制线条不美观或者不符合走线规律，即可撤销本次绘制的线条，重新绘制，直到线条符合要求为止。

（3）信息传递及时

在纸上用笔绘制的同时，接收器记录整个笔迹过程，含1024压感、倾斜等信息。

（4）通用性强

把接收器连接到电脑上，可以重现绘制过程，并且可以对每一笔进行调整编辑，然后导出到其他格式以进行进一步使用。

2. 绘制精度控制

利用数位板，基于正射影像图进行线划图的绘制，在精度控制上采用了如下措施。

（1）基础底图严格控制精度

使用高精度精细三维模型（模型精度0.2毫米）制作正射影像图。正射影像图绘制过程中，依据三维精细模型1∶1绘制，保证细节特征同时，控制图像大小。

（2）专业美术人员绘制线划图

在绘制线划图过程中，严格遵循文物绘图方法，保证线划图的准确性及美观性。

（3）现场核实

为了保证线划图绘制的准确性及完整性，还需现场对绘制精度与完整性进行核实，并修整线划图。

3. 线划图成果

图4-28、图4-29、图4-30为圆觉洞部分线划图。

图4-28 圆觉洞西侧佛像线划图

图4-29　圆觉洞横剖南视图

图4-30　圆觉洞观音菩萨等值线图

第 5 章 大佛湾文物保护应用

5.1 现状病害调查

5.1.1 病害调查需求

调查是文物保护中一项重要的工作环节，是文物保护修复工作中必不可少的一项内容。所谓病害调查，就是对物质文化遗产本体及其附属结构等残存状况和所存在的病害及其破坏因素的专门调查和综合评价，包括针对病害分布、等级划分、分布集中情况等所开展的现场拍照、病害甄别、手工绘制病害草图、电脑转绘病害分布图以及最后建立完整的病害档案（杨刚亮，2010）。由此可见，病害调查对于前期调研、收集资料、建立档案乃至对后期的实施保护修复方案都具有重要的意义，尤其体现在对总结主要病害的类型、分布特征、严重程度等方面。2008 年由国家文物局发布了《石质文物病害分类与图示》（WWT0002 - 2007）等三个石质文物行业标准，成为石质文物病害调查的重要依据。其中，对病害数据统计、病害图等方面提出了相关要求。三维扫描技术可为病害调查提供高清晰的基础图件，并能实现病害的精确统计。基于三维激光扫描技术的病害调查程序为：制作病害调查区域的正射影像图，调查确认病害类型与范围，绘制病害图，现场核对完善，进行病害面积统计与分析等。

5.1.2 千手观音病害调查

位于大足石刻宝顶山第 8 号龛的千手观音造像是全国同类型造像题材中艺术成就最高的龛窟之一，是我国最大的集雕刻、贴金、彩绘于一体的摩崖石雕造像，具有极高的历史、科学和艺术价值，如图 5 - 1。千手观音造像历经八百余年，在长期自然营力和人类活动的影响下，产生了多种病害：造像表面污染；岩体渗水；岩体风化；雕刻品断裂垮落；金箔变色、开裂、起翘、脱落；地仗层酥碱；彩绘颜料酥软、脱落、变色等。尤其是基岩风化、金箔脱落破坏造成的“破烂”状态，严重威胁着千手观音造像的完整保存，既损害其形象，又影响其美观及艺术价值。为了解决各种病害对千手观音造像长久保存的影响，针对千手观音造像的现状，自 2001 年开始进行了保护前期调查工作。然而长期以来，由于缺少统一运筹和攻关协调，对于千手观音造像的形态、结构及保存状况还缺少清晰、系统、科学的调查与记录，对于造像的病害机理、保护材料、保护工艺及保护标准等许多方面的关键技术问题还没有解决。2008 年，千手观音保护迎来新的机遇，因其珍贵性、脆弱性及代表性等原因被国家文物局列为国家一号石质文物保护工程，利用现代科技手段进行保护修复前的全面详细调查工作。其主要目的在于：把握千手观音各种病害的类型、分布和面积，形成病害基本评估意见和对病害形成机理进行初步探讨，为下一步实施抢救性修复保护工作提供基础资料和依据，并为长期、持续研究千手观音劣化机理储备基础数据；明确千手观音造像部分长期模糊的历史信息和存疑，如手的数量及历代修复情况；建立贴金彩绘石质文物病害调查的基本模式；培养一支病害调查的专业队伍。

图5－1　千手观音照片

在调查中，确定了三项基本原则，即：最小干预原则，准确性原则，时效性原则。调查内容以准确了解千手观音造像本体病害种类、病害面积、手臂数量、残缺数目和法器数量为主，对千手观音的历史沿革、传统工艺、环境因素及特殊病害等也加以了解。为兼顾以上原则，保证调查的翔实性，项目实施中，综合利用三维激光扫描、近景摄影测量技术进行了千手观音整体及局部的测绘，为病害调查提供了基础图件和精确数据支持。

图5－2为根据近景摄影测量绘制的千手观音整龛线图，并根据三维扫描补测数据进行了修改完善，此图作为病害调查的基础底图。

按照材质类型，主要包括：石质病害、金箔病害和彩绘三类。下面以石质病害调查为例，介绍其调查主要工作程序及相关成果。

1. 病害类型划分

按照病害对文物安全及艺术价值的影响程度，将病害由高到低分为：结构病害、表面完整性变化、表面形态变化、表面颜色变化、生物病害、人为干预六大类。参照《石质文物病害分类与图示》《古代壁画病害与图示》，结合千手观音石质病害具体情况，设计了病害术语表与图示，如表5－1。

图 5－2　千手观音线划图

表 5－1　千手观音石质病害术语与图示

材质类型	病变类别	病变名称	病变图示	病变描述	示例图片
石质	结构病变	残缺		指局部缺失与残损。	
		断裂		指贯穿性或有明显位移的断开与错位的现象。	

续表 3－1

材质类型	病变类别	病变名称	病变图示	病变描述	示例图片
石质	表面完整性变化	粉化剥落	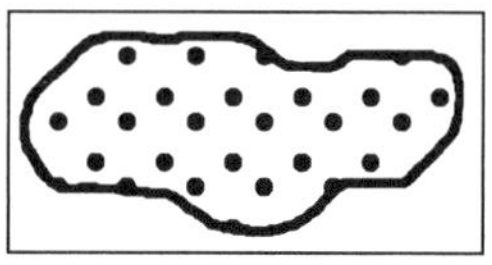	指石质的酥粉剥落现象。	
	表面形态变化	尘土	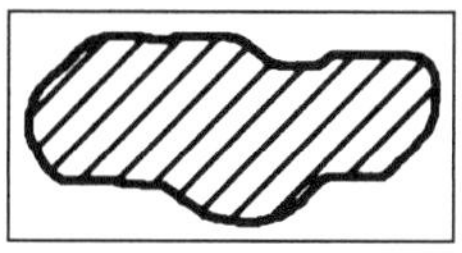	指灰尘在石质表面形成沉积。	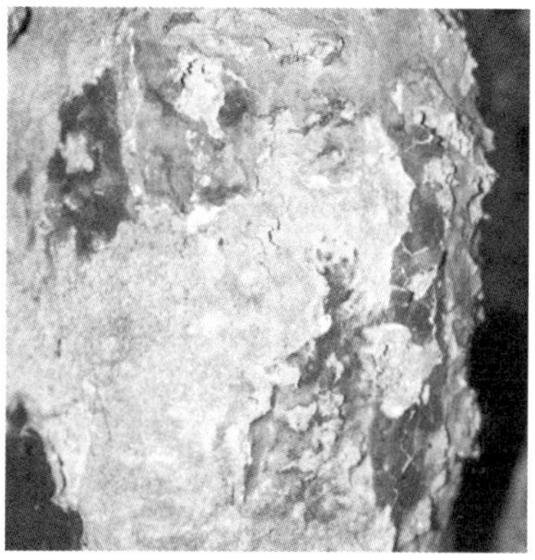
		空鼓	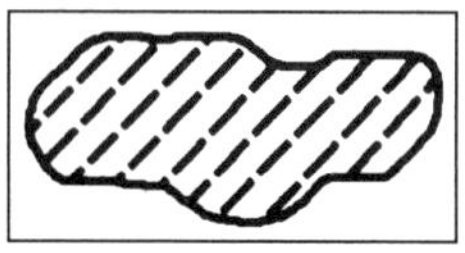	指石质表层鼓起、分离形成空腔，但并未完全剥落的现象。	
	生物病害	生物病害	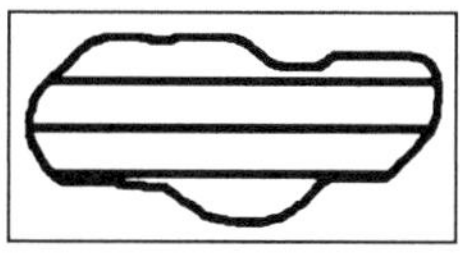	指苔藓、地衣与藻类菌群、霉菌等微生物菌群在石质表面及其裂隙中繁衍生长。	

续表 5-1

材质类型	病变类别	病变名称	病变图示	病变描述	示例图片
石质	生物病害	生物病害	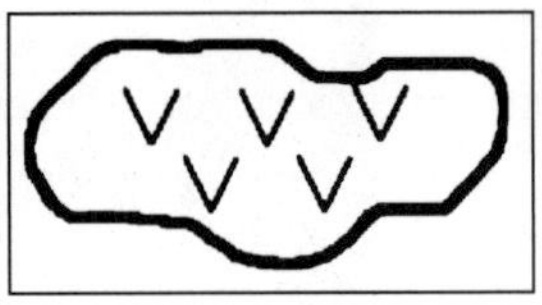	指苔藓、地衣与藻类菌群、霉菌等微生物菌群在石质表面及其裂隙中繁衍生长。	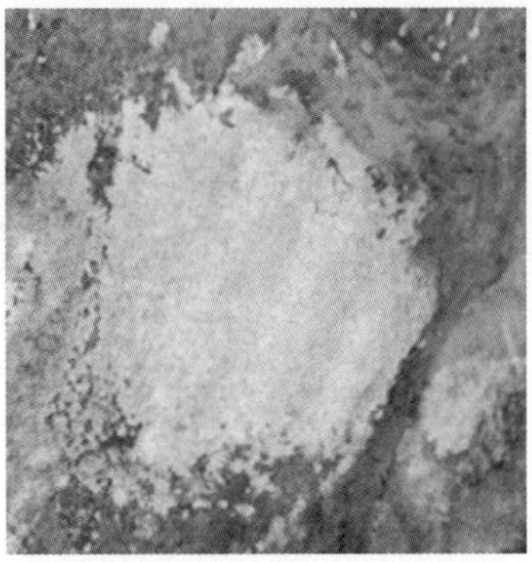
	人为干预	涂覆	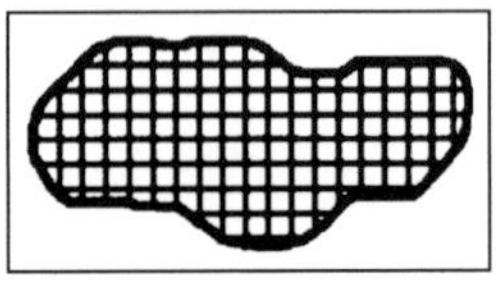	指石质表面被石灰、颜料等材料所涂刷、遮盖。	
		渗水	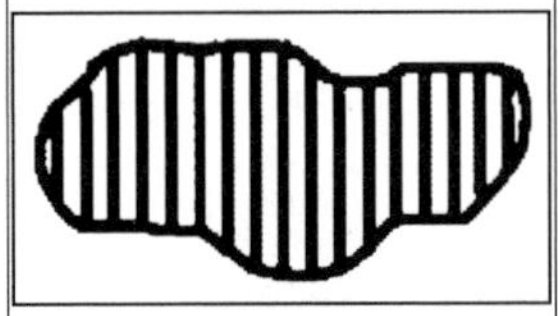	指水从岩石内部渗出。	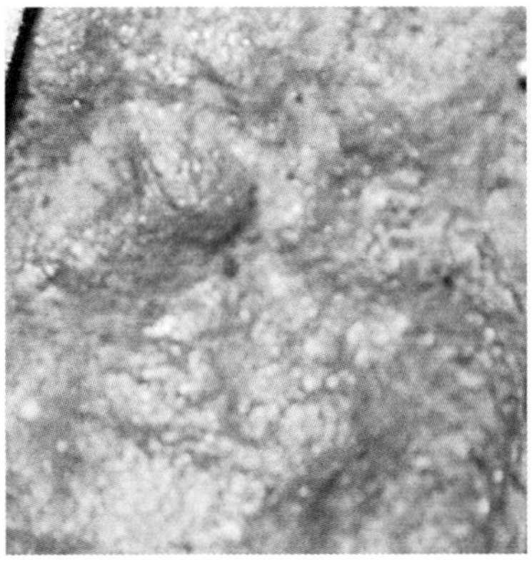

2. 现场标绘

即在现场根据测绘图进行病害标注。由于千手观音面积较大，且为立体雕凿，为进行精确的病害调查与统计，根据千手观音线图，对千手观音做了网格状划分。现场调查时，在距离千手观音本体平均约 0.7 米的位置，通过搭架布线，在水平和垂直方向上用 22 根直径约 0.3 毫米的白色尼龙线分别作为横纵坐标线，将千手观音 88 平方米的正立面进行约 1 米 ×1 米区域的划分，形成网格状，上下共 9 层/行，左右 11 列，总共划分出了 99 个区域。在此基础上，设计了手臂、法器的编号。在标绘前，为每区域裁出1.1×1平方米的软硬度适中的聚酯薄膜，覆盖在打印好的局部图纸上，利用不同颜色油性马克笔，按照已规定的病害术语和图示描绘出石质病害的位置及形状，并做好相关说明。此外，由于千手观音的艺术表现形式多是立体的浮雕和圆雕，如仅仅根据正立面线图绘制病害图，会漏失一些造像侧面和背面的病害，为此利用三维扫描快速获取侧面或局部的数据，制作出基础线图或模型，辅以现场拍照，从而完成立体的病害调查。

3. 病害统计与分析

图5－3为千手观音石质病害总图。表5－2、表5－3分别为粉化剥落、片状剥落、空鼓、尘土、涂覆、生物病害的面积和所占比例。

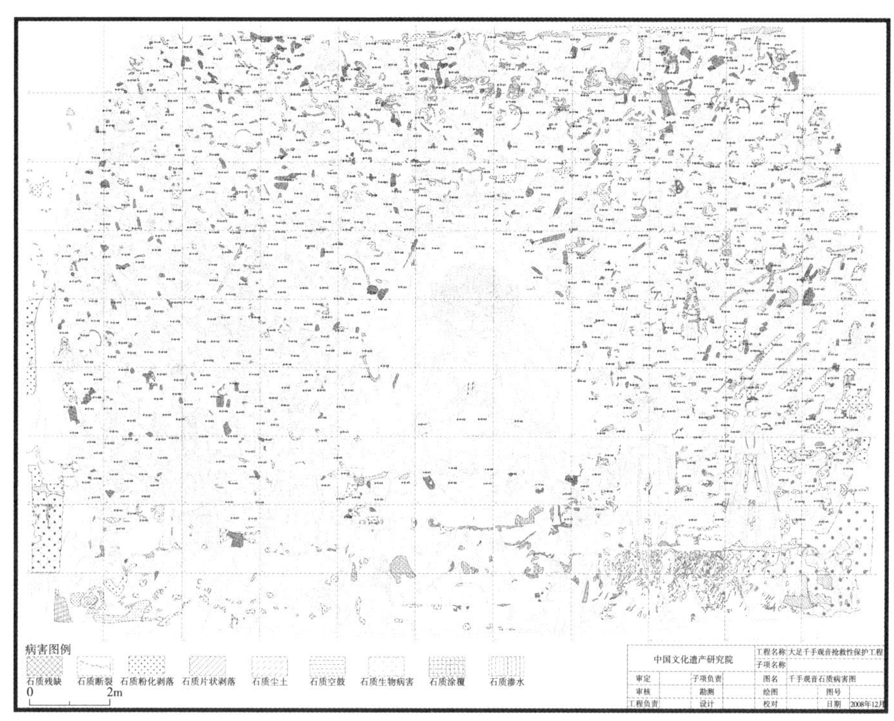

图5－3　千手观音石质病害图

表5－2　千手观音石质病害统计

病害 区域	结构病变		表面完整性变化		表面形态变化		人为干预	生物病害（cm²）
	残缺	断裂	粉化剥落（cm²）	片状剥落（cm²）	空鼓（cm²）	尘土（cm²）	涂覆（cm²）	
手	283只/403处	53	37333.74	276	56	28862.1	58	5
法器	37	24	11512.2	9310	759	4984.6	0	63
区域		13	34371.7	2087	204.65	15780.5	505	21.56
佛像		0	1444.5	432.5	0	0	1877	200
合计		90	84662.14	12105.5	1019.65	49627.2	2440	289.56

表 5-3　　石质病害占千手观音总面积的比例

区域＼病害	表面完整性变化		表面形态变化		人为干预	生物病害
	粉化剥落	片状剥落	空鼓	尘土	涂覆	
手	1.382%	0.010%	0.002%	1.07%	0.002%	0%
法器	0.426%	0.345%	0.028%	0.184%	0%	0.002%
区域	1.272%	0.077%	0.008%	0.584%	0.019%	0.001%
佛像	0.053%	0.016%	0%	0%	0.069%	0.007%
合计	3.133%	0.448%	0.038%	1.838%	0.090%	0.010%

根据对石质病害的调查与统计分析，发现千手观音的石质病害主要有：结构病变，以残缺、断裂为主；表面完整性变化，以粉化剥落、片状剥落为主；表面形态变化，以空鼓、尘土为主；人为干预，主要是涂覆；另有少量生物病害。从千手观音的整体情况来看，残缺主要存在于手指和法器上，有残缺的手为283只，共有403处残缺，残缺手数占总手数的34.1%，法器共有37处残缺，区域共有约3处残缺，佛像共有约11处残缺。虽然因风化而产生的粉化剥落、片状剥落和空鼓等病害占岩体总面积并不大，但已经造成了千手观音部分石质本体的残缺及外形的难以辨识，特别是对手和法器的影响最大。随着时间的流逝，病害将更加严重，因此控制这三种病害的发展并加以修复就显得非常必要和紧迫。

可见，基于三维激光扫描和近景摄影测量，可实现文物病害的准确调查，可为制定保护修复措施提供科学依据。

5.2 保护工程设计

在石窟寺及石刻文物的保护工程中，均要有科学的方案，在方案设计中，获取保护对象的测绘图件是重要基础性工作。三维激光扫描技术为快速、准确测图而辅助保护工程设计提供了有力支持。

5.2.1 文物保护工程设计需求

对于石窟寺及石刻文物保护工程设计的不同需求，三维激光扫描均可发挥独特的优势。特别是在抢险性保护工程中，如地震灾害之后，需要在工作条件相对恶劣的较短时间内获得保护对象的损害状况和测绘图纸，三维激光扫描能极其高效地完成外业数据采集工作。在保护修缮工程设计中，三维激光扫描可为修缮方案提供基础图件，其点云是文物的重要信息，可作为将来工程实施和质量评估的依据。在文物迁移工程设计中，利用三维激光扫描可以将文物本体情况以及所在环境都精细地予以记录，为异地搬迁重建提供重要依据。在窟檐等保护性设施的工程设计中，借助三维扫描数据可建立逼真的多角度三维模型，更好地展示保护性设施的形态特点，供专家进行方案比选。在日常性、季节性的保养维护工程中，对于重要的文物或构件，可通过定期的三维扫描快速获取现状实时数据，作为一类重要的监测手段可为制定保护处理措施提供依据。

5.2.2　工程设计图

在文物保护工程设计中，传统的基础图纸包括平面图、立面图和剖面图三类，其形式为二维线划图。对于石窟造像而言，因其形态的不规则，通过传统手段测绘的图纸其精度一般较低，且直观性较差。通过三维激光扫描，可制作精准而直观的正射影像图，在影像图上可直接进行量测及相关设计，而利用三维扫描建立的模型则可制作任意部位的剖面图。另一方面，三维扫描作为一项创新技术，对传统图纸的理念也提出了挑战，三维模型逐渐被直接用于工程设计。

宝顶山大佛湾石刻雕凿在“U”形的岩壁上，由于石刻造像的特殊性和保护/修复工程的需要，制作石刻造像的基础图是十分必要的。在造像精细三维模型的基础上，利用专业软件绘制基础图件。基础图件成果最终在AutoCAD软件绘制整理，形成通用格式，可清晰、准确描述造像的形状特征，也可实现尺寸精确量算，能为造像的保护修复工作提供基础数据。

5.2.3　工程量相关统计分析

在文物保护工程中，进行工程量的统计，可为工程预算提供重要依据。三维激光扫描为实现工程量的精确统计提供了有效支持。在文物保护工程中，往往需要统计保护对象的面积，如佛像表面贴金，需要根据统计面积来测算金箔的需求量，而此类复杂曲面的面积通过传统手段无法实现精确计算。通过三维激光扫描，可建立文物表面的三角网模型，若干三角形面积累加即可获取表面积。

5.2.4　大佛湾窟檐保护工程设计

大足石刻大佛湾作为室外文化遗存，又多以摩崖造像的形式展开，处于开放空间，直接与外界环境进行交换，千百年的冷暖交替、风吹日晒、雨雾侵蚀等自然因素作用，造成造像岩体风化、失稳、崩塌等损害。窟檐对保障石窟造像和游客的安全有着重要作用，针对大足石刻内窟檐仰视面出现不同程度剥块和局部勾漫水等情况，将实施稳定性加固和防风化处理。大佛湾窟檐加固工程属于抢救性保护工程，需快速获取相关基础数据，现场条件决定了常规测绘手段无法满足此项需求。利用三维扫描技术手段，无须搭设脚手架，既不影响文物本体安全，也不影响景区旅游参观，不仅为窟檐加固提供了精确图件及尺寸数据，而且留存了宝贵的现状信息，可为将来保护工作所用。

在开凿大足石刻大佛湾摩崖造像时，在崖壁岩体顶部设计预留了悬挑的龛檐，龛檐长1～2.5米，与崖壁岩体环境相协调，如图5－4。实践证明，龛檐对摩崖造像起到了很好的保护作用：（1）防止坡水漫滤到石刻造像上；（2）防止或减缓雨水对石刻的直接冲蚀；（3）减缓阳光直射对石刻造成的损害。

然而，由于年代久远，各种自然环境影响因素的长期侵蚀作用，以及岩石自身结构、成分的衰减退化，使得悬挑的龛檐岩体产生了各种病害，对文物安全构成威胁。主要病害包括：块状塌落；岩石风化破坏造成结构疏松、剥落；坡水倒灌漫流或裂隙渗水等水的侵害；各种生物生长造成的生物侵蚀病害等。尤其近几年，由于裂隙切割及风化破坏，时常出现龛檐岩体块体塌落破坏现象，对石刻造像及游客安全形成了极大威胁。因此，采取抢救性保护措施，加固保护龛檐岩体的安全稳定工作已刻不容缓。2009年，中国文化遗产研究院就此开展保护设计工作（张兵峰，2010）。三维激光扫描在窟檐

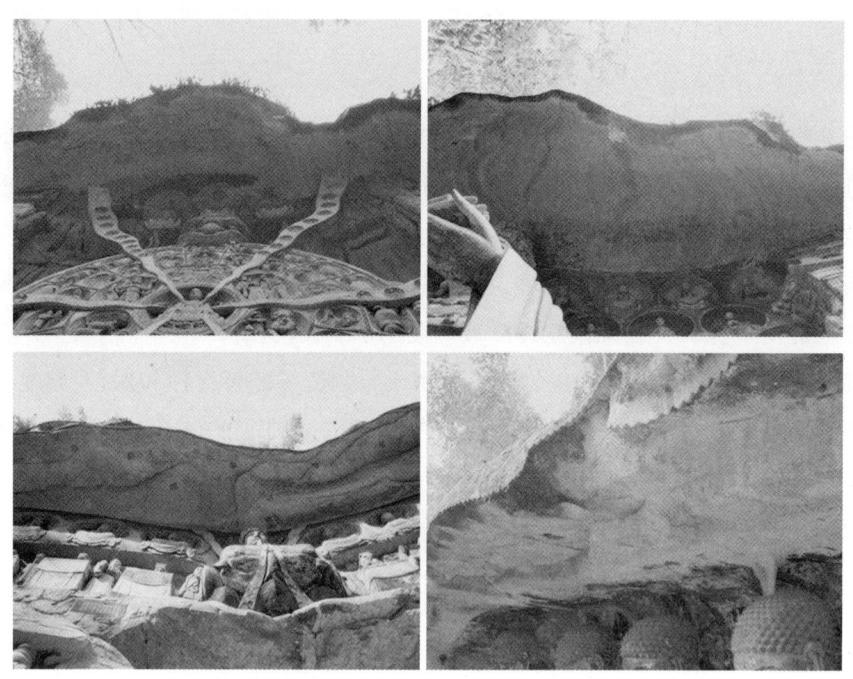

图 5－4 大佛湾窟檐局部

病害调查和加固工程设计中发挥了积极作用，且现场工作时对文物安全无损，未影响游客参观。

（1）为保护工程设计提供所需基础图件和数据

如图 5－5，为大佛湾窟檐局部三维扫描测绘图。

柳本尊行化事迹图——正立面及窟檐仰视正射影像图

窟檐仰视图

正立面

图 5－5 大佛湾窟檐局部三维扫描成果图

由三维扫描成果和现场调查统计发现：目前崖顶存在有龛檐总长约304.15米，占大佛湾石刻造像区崖壁总长的95.05%；龛顶有龛檐但无防勾漫水滴水线的龛长44.2m，占大佛湾造像龛檐的13.86%；后期补接龛檐的龛长89.65m，占大佛湾造像龛檐的28.12%；后期加盖木结构保护建筑的龛长57.35m，约占大佛湾造像龛檐的17.92%。

（2）为病害和工程量统计提供准确数据

图5－6为在三维扫描成果图基础上绘制的病害图，此种形式的病害图不仅精度高、直观生动，且能实现精确统计。

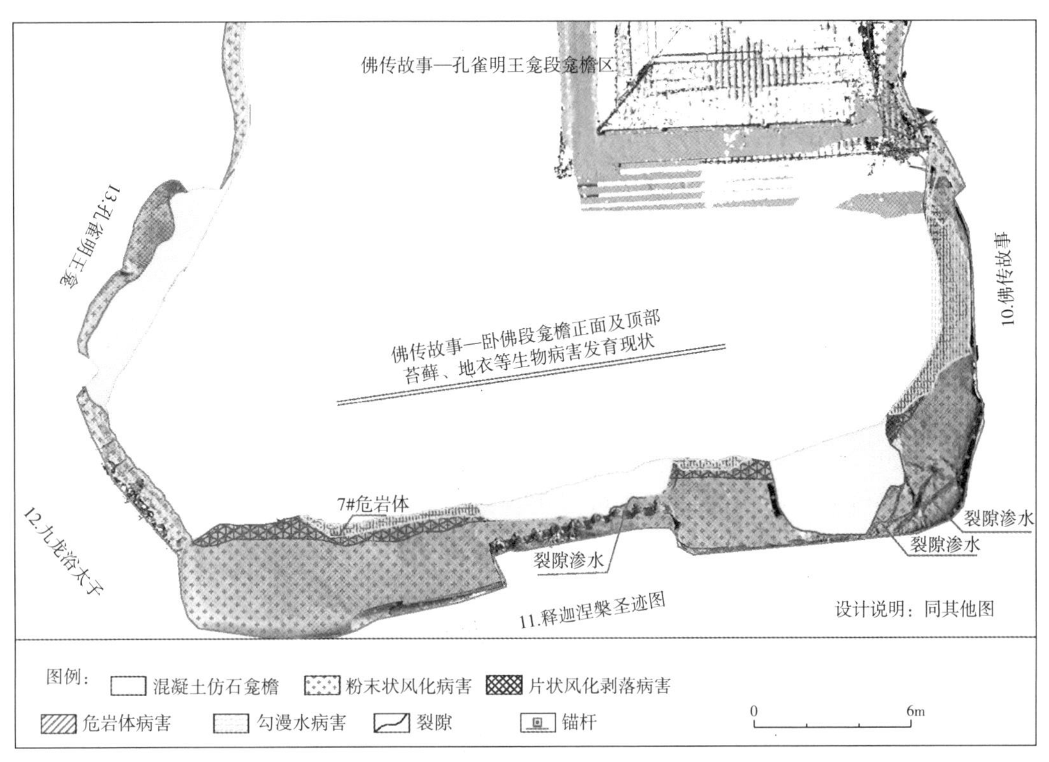

图5－6 大佛湾窟檐局部病害图

表5－4和图5－7为根据三维扫描数据及现场调查而获得的各种病害统计成果。此外，这些病害面积为后期计算工程量和经费预算提供了重要依据。

表5－4 窟檐病害调查统计结果

病害种类		发育程度	病害种类		发育程度
①	危岩体病害	6.48m^2	⑤	生物病害	460.00m^2
②	粉末状风化病害	462.27m^2	⑥	裂隙及其渗水病害	30.85m
③	鳞片状风化病害	199.11m^2	⑦	坡体崩滑	19.45m^3
④	勾漫水病害	50.60m^2			

（3）为窟檐稳定性分析提供了精确数据

大佛湾石刻区龛檐形式均为悬臂外挑式，开凿后岩壁形成悬臂式向外突出的岩体，其整体失稳破坏模式属拉裂崩塌式。龛檐整体稳定性采用极限平衡法设计计算模型，其模型简化如图5－8。

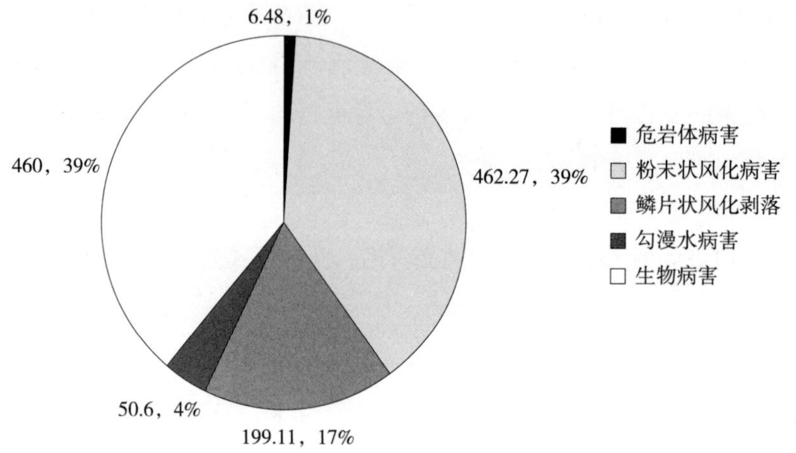

图 5-7 窟檐病害面积统计图

龛檐岩体在自身重力作用下，AC 面上承受最大的弯矩和剪力，岩层顶部受拉，底部受压。A 点附近的拉应力最大。在长期重力作用和风化作用下，A 点附近的裂隙逐渐扩大，并向深处发展。拉力越来越集中在尚未开裂的部位，一旦拉应力超过岩石的抗拉强度时，上部岩体就会发生崩塌。因此，这类崩塌的关键是最大弯矩截面 AC 上的拉应力能否超过岩石的抗拉强度。此类型危岩体可以用拉应力与岩石允许抗拉强度的比值进行稳定性检算。假设突出的岩体长度为 l，岩体等厚，厚度为 h，宽度为 1 米（取单位宽度），岩石容重为 γ。当 AC 断面上尚未出现裂缝，则 A 点的拉应力由下式计算得到。

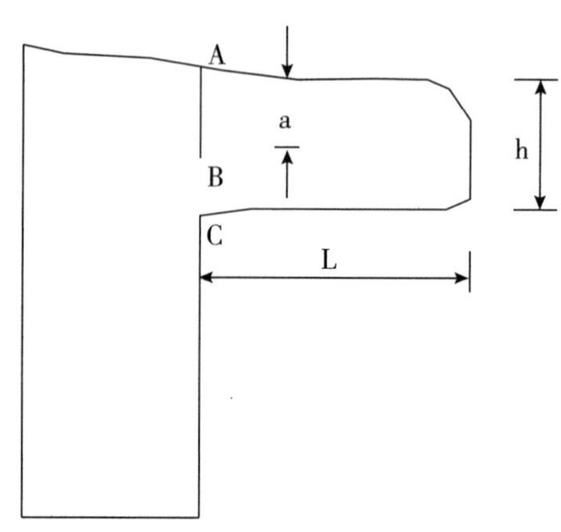

图 5-8 窟檐整体稳定性计算模型

$$\sigma_{Ala} = \frac{M * y}{I} \quad (5-1)$$

式中，M——AC 面上弯矩，$M = \frac{l^2 * \gamma * h}{2}$

y——h/2；I——AC 截面的惯性矩，$I = h^3/12$；γ——岩石的容重。

整理得：

$$\sigma_{Ala} = \frac{3 * l^2 * \gamma}{h} \quad (5-2)$$

稳定性系数 K 值可用岩石的允许抗拉强度与 A 点所受拉应力比值求得：

$$K = \frac{[\sigma_{la}]}{\sigma_{Ala}} \quad (5-3)$$

当 A 点处已有裂缝，裂缝深度为 a，裂缝最低点为 B，则 BC 截面上的惯性矩由下式计算：

$$I = \frac{(h-a)^3}{12},\ y = \frac{(h-a)}{2}, \quad (5-4)$$

弯矩 $M = \frac{l^2 * \gamma * h}{2}$，则 B 点所受的拉应力为：

$$\sigma_B = \frac{\frac{l^2 * \gamma * h}{2} * \frac{h-a}{2}}{\frac{(h-a)^3}{12}} = \frac{3l^3 * \gamma * h}{(h-a)^2} \quad (5-5)$$

稳定性系数:

$$K = \frac{[\sigma_{la}]}{\sigma_{Bla}} \quad (5-6)$$

由三维扫描数据和现场调查，可以获取以上公式所需数值，进而精确计算窟檐的稳定性系数。以华严三圣龛段窟檐为例，如图 5-9。根据前期大佛湾石刻区岩体物理力学试验成果，岩体重度 γ 取为 23.2kN/m^3，考虑岩体风化情况，结合实际经验岩体抗拉强度 σ_{la} 取值为 720kPa，求得 K = 1.98，大于容许系数 K_f = 1.5，表明处于稳定状态。

可见，三维扫描数据成果对大佛湾窟檐保护加固工程设计提供了重要支持。

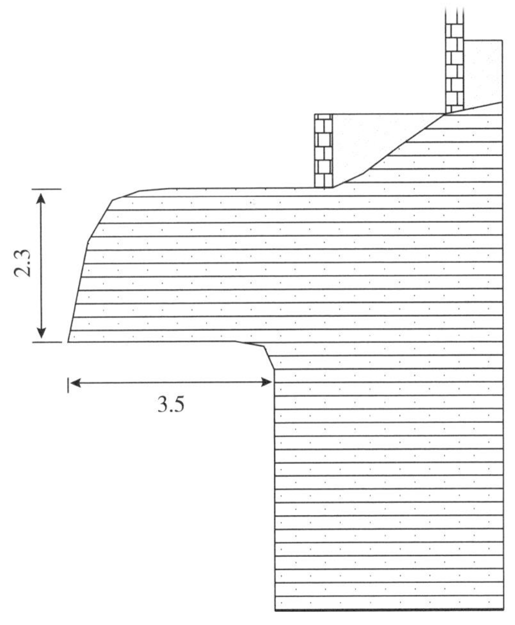

图 5-9　华严三圣龛段窟檐稳定性计算图

5.3　虚拟修复研究

5.3.1　文物修复需求

文物是人类在历史发展过程中遗留下来的具有历史、艺术、科学价值的遗物和遗迹，具有珍贵性，同时又具有脆弱性，即随着时间的推移绝大部分文物不可避免地遭受到自然或人为的损坏。为了使文物延年益寿，文物修复成为文物保护中一项重要的、专业技术性强的工作。为确保严格遵循国际文物保护准则中的“最小干预”、“可逆性”等要求，虚拟技术成为文物修复中重要的辅助手段。文物虚拟修复是利用计算机、图形图像处理、虚拟现实等信息领域最新发展技术，结合传统的文物保护与修复工作，形成文化遗产的科学保护理念和程序。文物修复专家可在虚拟的文物模型上进行修复方案与效果的比选（华忠等，2002；孙霖楠，2010；樊少荣等，2004；潘荣江，2005；茹少峰，2004；杨承磊，2006）。日臻成熟的三维数字化技术更是使得文物的虚拟修复渐入佳境，三维激光扫描技术为文物的精细三维模型提供了可能（吴育华等，2011；马晓泉，2012；王晏民等，2006；Kamakura，2005；Lu，2010；Min Lu，2013），将相关高新虚拟技术手段与文物保护修复的切实需求相结合，为文物修复提供支撑。

5.3.2　千手观音虚拟修复

大足石刻千手观音造像虽然总体上保存基本完整，但在长期自然营力和人类活动的影响下，其局部破坏已十分严重，病害多达 34 种，亟须开展科学的保护修复工作。千手观音保护修复难度极大，不仅遗产构成要素丰富（包括金箔、彩绘、石质等不同材料，包含手、法器及人物造像等不同单体），而且雕凿结构十分复杂。利用三维扫描数据进行虚拟修复研究，为科学修复提供了重要支持。

千手观音的虚拟修复主要包括形态虚拟修复和纹理色彩虚拟修复两方面：

1. 残损手的虚拟修复

观音手是整龛造像中最核心的组成部分，千余只手残损率近 28%，严重残损手共有 27 只（至少有一根手指从根部缺失）。对这部分千手观音手的修补尤为困难，主要原因在于欠缺历史资料。如何基于现状精细信息进行数据挖掘，成为千手观音手虚拟修复的关键。

图 5－10 为千手观音残损手指虚拟修复的技术路线，主要依据佛手印、造像对称性及手指几何形状参数进行数据挖掘。其中佛手印为佛学中修行者双手与手指所结的各种姿势；对称特性是指千手观音左右部分呈对称状分布；手指几何形状参数主要指手指长度、弯曲形态、粗细等，基于三维模型，可实现精确量取。

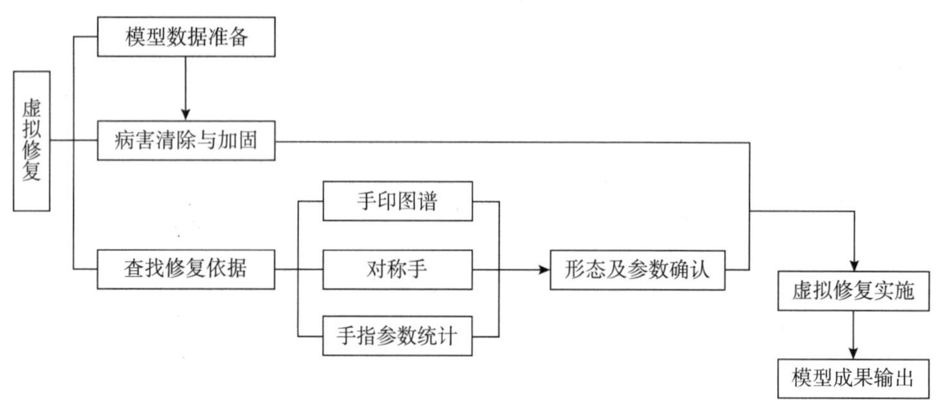

图 5－10　残损手指虚拟修复技术路线图

（1）依据佛手印图谱确定基本形态

据调研，千手观音造像中的手印主要依据佛经千手观音四十二手所修建。除施无畏手以外，其余手均为持法器手。对千手观音造像进行了手印图谱研究，通过比较各手的线划图（见图 5－11a）与千手观音手印原图（见图 5－11b），在手掌朝向、四指指向、弯曲程度、手指形态等四个方面进行分析研究，来判断残损手的手印。

以编号为 9－7－S3 的观音手为例，其基本形态的确定过程为：

①分析对比《大悲经》千手观音的所有手印图谱，与 9－5－S7 手印相似的手印图谱为金刚杵手印。尽管金刚杵的形态与佛经原图有所差别，但根据主要金刚杵上端粗、下端尖、末端带底座的特征，可以确定 9－7－S3 手印为金刚杵手印。

②经分析得出，9－7－S3 为持法器，但法器在手掌部分缺损。通过对称性分析可知，该手与编号 9－5－S7 的手相对称，且形态相近。故从 9－5－S7 手所握法器可判断出 9－7－S3 所握法器。

综上，经分析研究，9－7－S3 残损手中握有圆柱状法器，大拇指、食指、中指及无名指呈弯曲手握状。

（2）依据对称性确定精细形态

经对整龛对称性的分析研究，得出结论：整龛造像基本上以中线为中心形成左右对称。位置上相互对称的手，有时形态上也特别相似，称为对称相似手。基于三维模型数据，从美学、佛学、石窟造

图5－11　手印图谱确认
a. 千手观音手线划图　b. 千手观音手印原图

像艺术等方面出发，找出适合对称相似手的确认方法。主要从以下几个方面进行了针对性研究：

①位置分析：分析两只手位置是否对称。

②手指轮廓对比：分析两只手指轮廓是否一致。

③三维形态对比：分析两只手现存部位是否吻合。

④手持法器对比：分析两只手现存法器是否相同。

表5－5为对9－7－S3及其相似手9－5－S7的对称性分析结果。

表5－5　9－7－S3精细形态确认

类别	9－7－S3待修复手	9－5－S7对称相似手	待修复手形态确认
大拇指	大拇指残损严重，近节残存1/2，远节完全缺失	大拇指近节弯曲，指尖内侧靠近法器	大拇指呈弯曲状，指尖内侧紧靠法器
食指	远节完全缺损，中节大约缺损1/3，近节保存较完整	食指竖直向上	食指呈竖直向上状
中指	远节、中节完全缺失，近节保存基本完整	向内弯曲，环握法器，依附法器边缘	略向内弯曲，指尖内侧靠近法器
无名指	远节、中节完全缺失，近节保存基本完整	向内弯曲，环握法器，依附法器边缘	依中指方向，略向内弯曲，指尖右侧靠近法器
小拇指	基本完整，指尖略向外弯曲	呈直立状，指尖略向内弯曲	呈直立状，指尖略向外弯曲
法器	手握法器中间部分缺失，法器上部、下部保存较完整	法器保存完整	法器形态与对称相似手保持一致

（3）手指精细几何参数的确定

根据精细三维激光扫描数据成果，可以获取对称相似手手指的精细几何参数，其精度在 ±1 毫米之内。由于手指残损较多，采用了提取中心线和截面的方法来进行长度、宽度的量取。手指的粗细在原有残留手指的基础上参考美学效果具体把握，本着“一半是艺术，一半是技术”的原则。通过上述的形态确认与手指长度的确定，得出虚拟修复手指几何形态效果图，如图 5－12 所示。

图 5－12　手指长度确定示意图

（4）残损手指的虚拟模型

针对千手观音残损手，基于千手观音手印分类、手的对称相似性确认、手的相似手确认、手指长度的计算等，为每只手的残损手指的修复提供了造型、形态与参数等方面的依据。综合相关依据，借助计算机三维虚拟造型技术，完成了残损手与法器虚拟修复三维模型，同时可提供平立剖图件、现场施工图图件及虚拟修复依据说明等，为现场实际修复提供了有力的理论与依据支撑。图 5－13 为千手观音残损手形态虚拟修复效果模型。

2. 纹理色彩虚拟修复

纹理色彩修复是千手观音修复中的重要内容。在完成形态虚拟修复后，按照一定的规则移植周边纹理信息进行色彩修复，保证移植部位与整体纹理环境达成一致。既包括彩绘龟裂部分的统一，又包括真实色彩的复原。

目前，国内外普遍采用专用软件与手动相结合的方法对色彩进行复原。笔者在此提出一种基于颜色提取的虚拟三维复原新方法。提取千手观音整龛造像中保留的手与法器的颜色信息，借助这些仅有

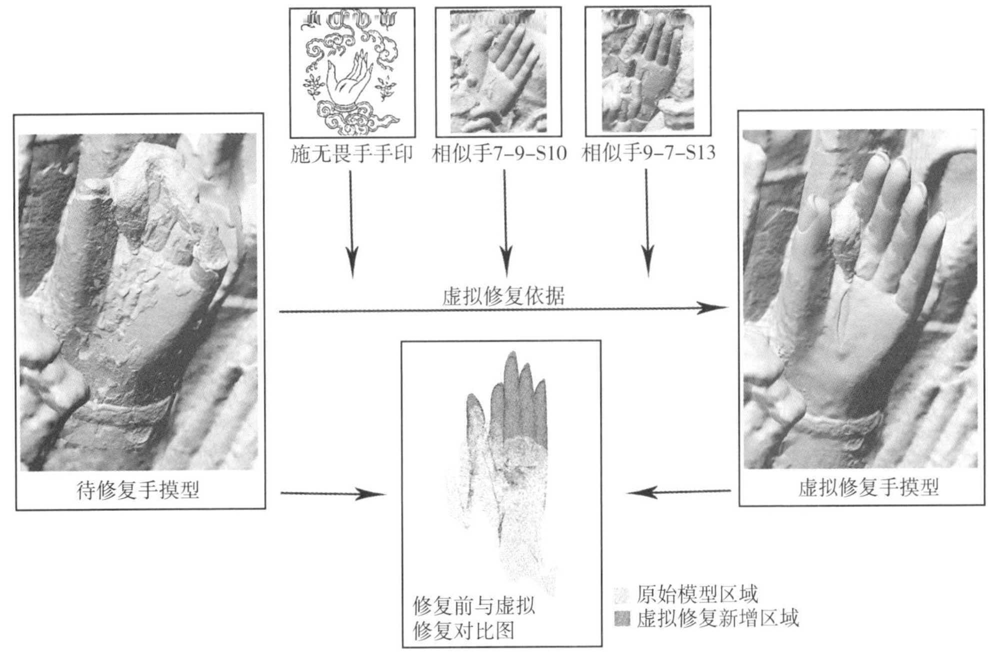

图5-13　千手观音残损手形态虚拟修复效果

的颜色信息，自动修复手与法器中的缺失及褪色部分的颜色信息，并将修复完成的颜色信息映射到三维形态模型上。具体方法如下：首先，将千手观音整龛造像中的颜色信息分为缺失部分、褪色部分和完好部分，并将完好部分的颜色信息进行提取分析，得出颜色信息的 RGB 值，存储在计算机中；其次，去除褪色部分原有的颜色信息，把存储于计算机的 RGB 值赋予褪色部分及缺失部分，合并整个部分，进行颜色融合；最后，将色彩映射到三维模型，形成彩色虚拟修复三维模型。该方法与传统的方法相比有一定的优势，效率高，易于操作。图5-14 为千手观音单只手纹理色彩虚拟修复效果。

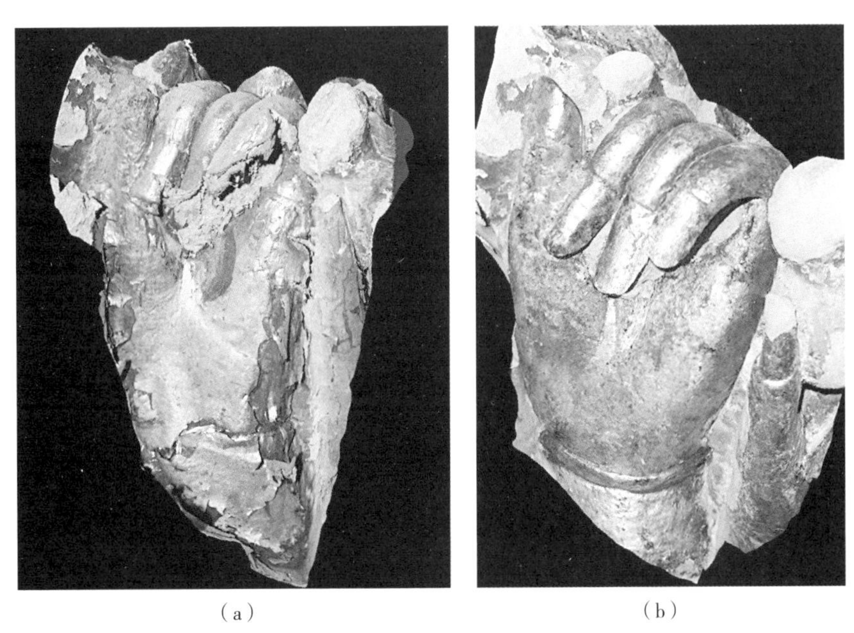

图5-14　千手观音纹理色彩虚拟修复效果

(a) 原始彩色三维模型　(b) 虚拟修复三维模型

3. 千手观音虚拟修复效果

文物修复不仅要把握局部，还要从整体上予以协调，为此，千手观音的虚拟修复还需要在单手（单法器）的修复基础上，从宏观出发把握整体的修复效果。图5－15为重点实验区域的整体虚拟修复效果。

a

b

图5－15　千手观音区域虚拟修复效果
a. 形态三维模型　b. 虚拟修复三维模型

位于正中央的主尊造像是千手观音的核心，其虚拟修复亦遵循类似流程：首先，修复专家提供主尊头部虚拟修复线划图；其次，根据线划图虚拟修复出三维形态模型；然后，根据三维形态模型制作虚拟修复三维效果图，为现场修复提供三维形态效果；最后，以三维形态模型为基础再进行色彩的虚拟修复。图5－16为千手观音主尊头部形态虚拟修复效果，图5－17为千手观音主尊纹理色彩虚拟修复效果。

图5-16　千手观音主尊头部形态虚拟修复图

a. 原始三维模型　b. 虚拟修复线划图　c. 虚拟修复效果

图5-17　千手观音主尊整体色彩虚拟修复

a. 主尊现状　b. 虚拟贴新金箔效果　c. 虚拟贴旧金箔效果

5.4　考古研究

5.4.1　考古测绘需求

现代考古学意义上的考古绘图，包括考古测绘图、示意图或各种说明性的图式。其中石窟寺考古测绘图是指根据考古研究的需要对石窟寺进行的测量与绘图记录，是根据科学的考古研究的特点和要求而出现的一种专业性、技术性较强的图式，是考古报告中绘图的主要组成部分。考古学家和艺术史学者根据考古测绘图进行相关研究，因此测绘图是否能准确“再现”石窟寺内的具体形象、艺术风格、艺术造诣、时代特征等，尤为关键，从而也提出了石窟寺考古测绘图的两个基本要求，即：科学性和艺术性。科学性是指在科学的理论指导下，运用科学的测量方法获取正确的数据，测量等相关空间信息技术的发展使得石窟寺考古测绘的科学性逐步完善与发展。石窟寺考古测绘图的艺术性是指在用科学的方法获得测量数据后，必须运用艺术实践中的造型理念及造型技巧，绘制出既符合对象形象又反映其历史性审美特征的图形结果。可见，石窟寺考古测绘图要求较高，既要保证测量的科学性，又强调图件的艺术性，往往需要测量人员和考古、艺术人员之间良好的沟通配合。

5.4.2　考古测绘图

由于石窟寺测绘的目的是为考古研究提供视觉化、具有说明性质、可供计算测量、可进行类比、可作为档案资料存储的图示材料，故通常以正投影原理进行绘制，其图件内容主要包括石窟寺建筑整体和单个塑像的平面图、立面图、剖面图以及针对壁画、窟龛的壁面展开图、窟顶投影图等。

5.4.3　圆觉洞考古测绘图

圆觉洞考古测绘图包括：三维激光扫描数据制作的正射影像图以及造像重要特征部位的矢量线划图，如图 5－18、图 5－19、图 5－20。线划图由具有考古、美术专业相关背景的绘图人员借助 AutoCAD、Photoshop、Adobe Illustrator 等软件制作，以二维线形式表现石刻特征，描述石刻基本形状，在线划图上可实现石质文物基本尺寸量算。参考石刻线划图，建立矢量数据库，进行专题信息留存，可为后续保护修复工作提供数据参考。

图 5－18　圆觉洞释迦牟尼佛考古测绘图

a. 正射影像图　b. 线划图

图 5－19　圆觉洞考古测绘图（透视图）

图 5－20　圆觉洞考古测绘图（透视线划图）

5.5　数字展示

5.5.1　文物数字展示需求

合理利用是文物工作方针的一项重要内容。党的十八大以来，习近平总书记就传承弘扬优秀传统文化做出了一系列重要指示，特别是强调要让收藏在禁宫里的文物、陈列在广阔大地上的遗产、书写在古籍里的文字都活起来，这就要求在坚持有效保护的前提下，做好文物利用工作，充分发挥文物的价值。文物展示因此成为文物利用的一项重要内容。

文物数字展示即利用信息、网络等科学技术实现静态文化遗产的动态化展示，其关键点在于两个方面：一是对文物历史、艺术、科学价值的挖掘、研究，即把握展示的核心内容；其二是现代信息科学技术的运用。因此，理想的文物数字展示应该融合精彩创意、设计理念和美学内涵，通过人、机互动，让观众在屏幕上自由地翻转、全方位地查看文物，使其亲身感受到数字文物三维还原展示的精彩与震撼，能像专家一样观察和感受文物的细纹和材质，体会到文物、科技和艺术融会贯通的美妙效果。

5.5.2　基于真三维数据的数字展示关键技术

为了满足在诸如触摸屏这样的浏览终端进行细节交互的需求，能够更好地为保护修复人员、研究人员及公众等提供展示服务，需要解决以下关键技术，即三维模型拾取、三维模型简化、多分辨模型建立、轨迹球旋转、多点触控等技术。

（1）三维模型拾取

为了实现三维量测功能，需要解决在三维模型拾取点的问题。也就是使用鼠标或多点触摸屏在屏幕上点击，得到的是一个屏幕窗口坐标系下的二维点，而该点坐标与模型上对应的三维点坐标还需要通过算法计算来建立关系。为了从屏幕上选取三维模型表面上的点，首先需要从屏幕上引入一条射线，射线方向为视点至屏幕上选取点的方向，从而可以通过该射线选择所需顶点，该方法称为射线相交算法。这种方法拾取精度高、速度快，并且不受可拾取点数量的限制，故采用射线相交算法，将屏幕窗口坐标转换为三维模型三维点坐标。

射线相交算法是从屏幕窗口的拾取点向三维场景中引出一条射线，然后通过相交测试判断三维模型与射线的交点，最后得到与视点最近的交点即为所要拾取的三维点坐标。其过程如图 5－21 所示。

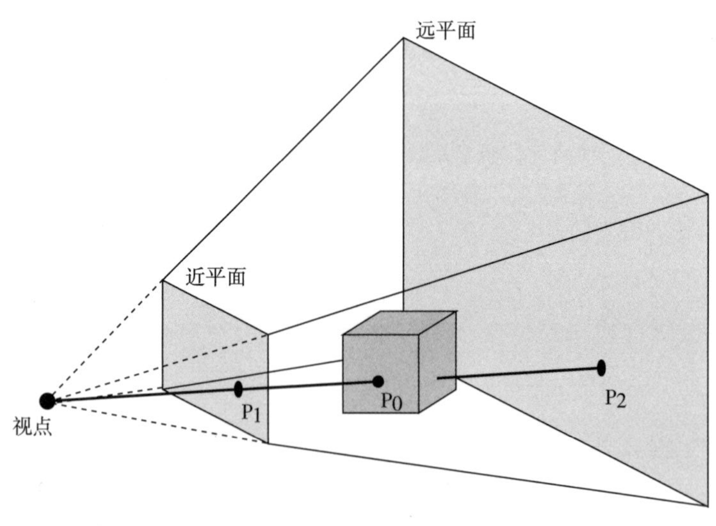

图 5－21　射线相交法原理

（2）三维模型简化

目前，常用的三维模型简化算法有顶点抽取法、顶点聚类法、边折叠法等。考虑到模型简化相似度及简化效率的需要，采用边折叠算法对三维模型进行简化。

边折叠算法是当前最为常用的一种简化方法，该算法具有很高的简化质量，过程简单，速度较快。该算法每一次的简化迭代过程，网格模型上的一条边将会被删除，同时与该条边相邻的两个三角形也会被删除，然后插入一个顶点来取代被删除的边，并重新修改模型的局部拓扑关系使其表达完整。经过这样一次简化迭代过程以后，三维网格模型表面就可以减少一个顶点、两个三角面，设定一定的终止条件以后，就可得到最终的三维简化模型。为了进一步保证简化模型的质量，删除边的选择一般采用最小二次误差度量准则对简化模型进行误差度量，然后根据简化模型误差由小到大依次对边进行删除。为了简便起见，插入顶点的位置一般选为删除边的中点。其过程如图 5 - 22 所示。

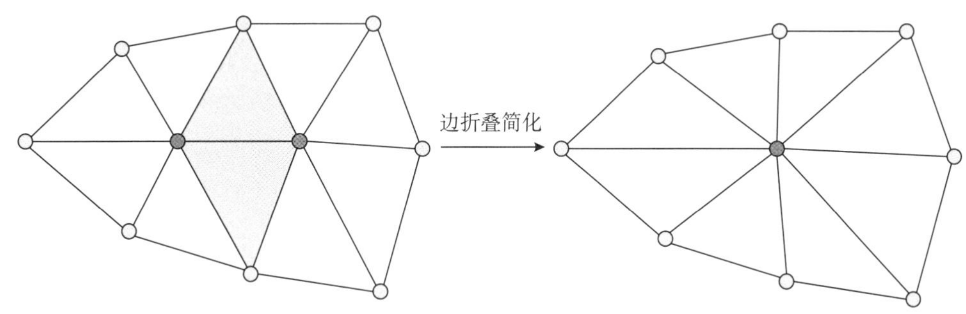

图 5 - 22　边折叠简化算法原理

（3）多分辨率模型建立

经过简化的三维模型，虽然提升了系统交互效率，但以删除模型数据为代价，存在丢失模型表面特征信息的情况，因此需要在模型简化的基础上建立多分辨率模型来解决这一问题。多分辨率模型的建立是指通过构造原始三维模型的多个逼近表示，当距离视点较远时绘制较粗糙的三维模型，当距离视点较近时绘制较精细的三维模型，在保证场景渲染速度的前提下，尽可能提高三维模型的绘制质量。

建立多分辨率模型需要建立原始模型与简化模型之间的关联，从而实现原始模型与简化模型之间的相互转换。系统采用目前最常用的渐进网格算法，该算法由边折叠简化算法发展而来，可以保证任意精度模型间的平滑切换。其主要实现过程是在边折叠简化算法的基础上，通过记录每一次边折叠操作得到点分裂记录，简化后的模型可以通过该记录进行点分裂操作重新生成原始模型，建立这样的关联之后便可以根据视点距离实时生成相应分辨率的三维模型，以最大限度地保证场景渲染速度。其过程如图 5 - 23 所示。

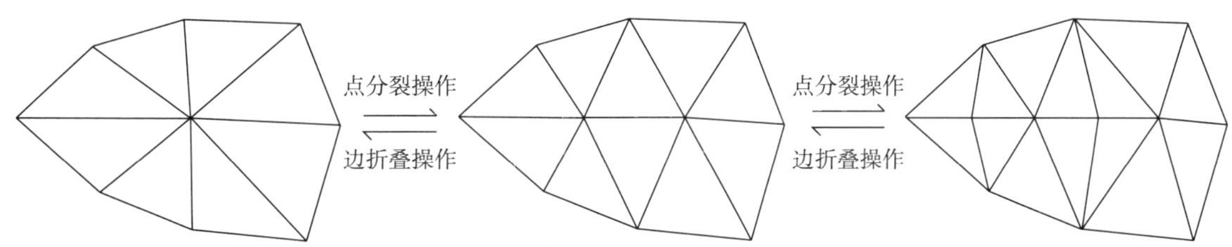

图 5 - 23　多分辨率模型构建

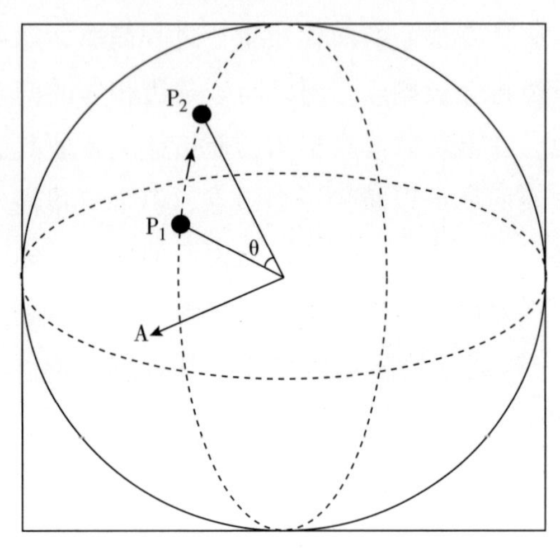

图 5－24 轨迹球旋转原理

（4）轨迹球旋转

利用 OpenGL 内置的函数控制三维模型旋转只能使三维模型绕 X、Y、Z 轴旋转，这样的旋转操作会导致操作滑动方向与模型旋转方向不一致。针对该问题，目前最常用的方法是基于轨迹球旋转的算法，易于实现并且效果良好。采用基于轨迹球的算法来实现三维模型的旋转。

轨迹球旋转算法是，为三维模型建立一个外接轨迹球，再将屏幕操作过程中起点屏幕坐标和终点屏幕坐标映射至轨迹球中，从而计算出两点之间位于球体上的夹角和这两点与轨迹球中心点组成平面的法向量，该夹角即为旋转角度，该法向量即为旋转轴，从而使三维模型围绕该旋转轴旋转指定的旋转角度。其过程如图 5－24 所示。

（5）多点触控

传统的人机交互方式主要通过鼠标、键盘来实现，采用多点触控的交互方式可以在触摸屏终端进行浏览交互，丰富了鼠标、键盘的单点操作方式，交互途径更加直接方便。

多点触控主要实现手段是手势操作，系统通过单指滑动、双指滑动、双指捏合等手势操作实现三维模型的旋转、平移、缩放等交互操作，对三维模型进行全方位浏览。

为了方便二次开发与应用，在实际中已经出现较为成熟的数字展示软件，对以上关键技术进行封装，如 Unity3D，是一类能轻松创建诸如三维视频、建筑可视化、实时三维动画等类型互动内容的多平台的综合型开发工具，被视为一个全面整合的专业展示引擎器，其主要技术流程及其技术特点如图 5－25 和表 5－6 所示。

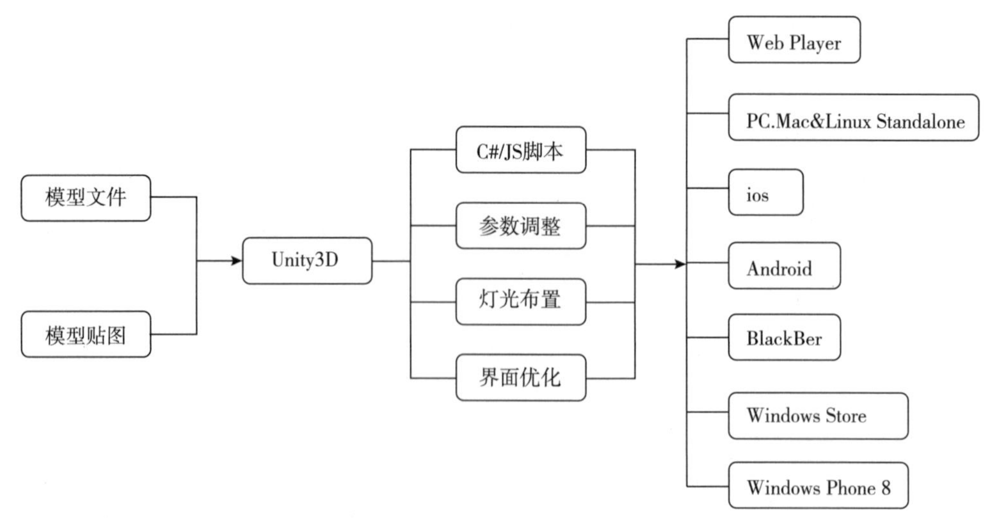

图 5－25 基于 Unity3D 的数字展示技术流程

表5-6　基于Unity3D的数字展示技术特点

功　能	特　点
综合编辑	通过Unity简单的用户界面，用户可以完成任何工作
图形动力	对DirectX和OpenGL拥有高度优化的图形渲染管道
资源导入	支持所有主要文件格式，并能和大部分相关应用程序协同工作
一键部署	让用户的作品在多平台呈现
Wii的发布	让业界最流行的游戏平台软件更容易开发
Android等多终端发布	让革命性的游戏开发降临革命性的设备
着色器	着色器系统整合了易用性、灵活性和高性能
地形	低端硬件亦可流畅运行广阔茂盛的植被景观
联网	从单人游戏到全实时多人游戏
物理特效	内置的NVIDIA PhysX物理引擎带给用户生活的互动
音频和视频	实时三维图形混合音频流、视频流
Unity资源服务器	资源服务器是一个附加的包括版本控制的产品
光影	提供了具有柔和阴影与烘焙的高度完善的光影渲染系统
文档	为用户提供逐步的指导、文档和实例方案

5.5.3　圆觉洞数字展示

1. 全景展示

利用照相机和全景云台，进行了大佛湾整体的全景图制作。图5-26为大佛湾全景展示效果图，具有自动漫游和人视行走功能，用户可随心浏览，有身临其境之感。

图5-26　大佛湾全景展示

2. 基于 Unity3D 展示

基于真三维数据，利用 Unity3D、C#和 JavaScript，进行了大足石刻大佛湾的数字展示研究，如图 5－27 为圆觉洞三维数字展示模型。

图 5－27　圆觉洞三维数字展示模型

5.6　监测

5.6.1　文物监测概况

文物监测是文物保护管理的重要手段，其主要作用包括：监测可为规划的制订提供基础资料；监测能为决策提供依据，它告诉我们是否采取行动，采取何种行动和如何采取行动；监测也是研究的基本手段，通过它可以发现事物的发展变化规律；监测是评价管理有效性的工具，由此可知改进之处。

广义的监测既包括文物本体的监测，又包括文物所在环境的监测。国际上，对世界遗产提出了专门的监测要求，如每 6 年一次的定期监测报告，属于广义的监测，旨在监控和评估世界遗产的遗产区、缓冲区内可能对遗产突出普遍价值造成威胁的自然和人为因素的变化情况，并预先发出警示信息，以便于保护管理机构及时采取相应的处置措施，有效防范风险。为了对重要文化遗产进行科学保护，国家文物局也更为重视遗产监测工作，于 2012 年成立了中国世界文化遗产监测中心，着手进行全面的中国世界文化遗产监测预警体系建设。

5.6.2　精细监测需求

文物本体的病害和风险监测是监测体系中的重要内容，石窟寺及石刻的变形监测是评估其稳定性的重要内容。然而，石窟寺及石刻的日常变形量一般极其细微，一方面需要建立精准的基准网，另一方面需要利用高科技手段进行精细化监测，如图 5－28 为云冈石窟第 9 号窟窟前岩柱精细监测示意图。

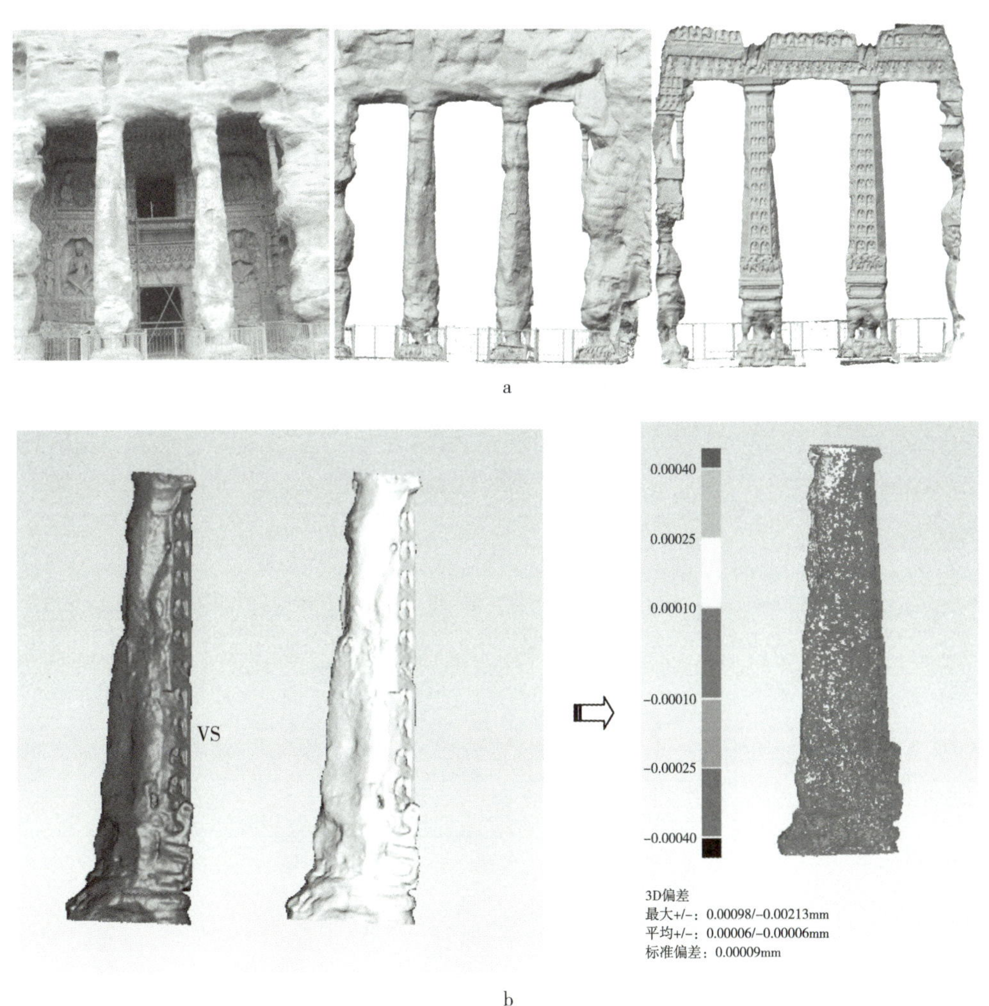

图 5－28　文物精细监测应用示意图

a. 云冈石窟第 9 号窟窟前岩柱（左为照片，中右分别为由三维扫描而成的南北两侧立面图）

b. 两次不同时期三维扫描数据的监测对比

5.6.3 大佛湾监测

大佛湾石刻作为室外文化遗存，多以摩崖造像的形式展现，为开放空间，直接与外界环境相依存，千百年的冷暖交替、风吹日晒、雨雾侵蚀等自然因素作用和人为破坏，造成造像岩体风化、失稳、龟裂等损害。随着近年来环境污染的加剧，大足石刻的自然破坏有加速的趋势。若不采取措施及时对这些文物加以保护，将会造成无法弥补的损失。

针对大足石刻大佛湾监测，首先要建立监测基准体系，然后按照周期进行监测数据采集，通过监测数据对比分析，得出监测结论，以有利于大足石刻的保护管理工作。

监测基准体系是宝顶山大佛湾石刻监测工作的重要基础，主要包括平面基准、高程基准。监测基准是进行各种监测测量工作的起算数据，是确定地理空间信息的几何形态和时空分布的基础，是表示地理要素在真实世界的空间位置的基准，对于保证地理空间信息在时间域和空间域上的整体性具有重要作用。

大佛湾监测，建立了4个监测基准点及36个监测点。4个监测基准点均按标准埋设在环境监测站中，36个监测点埋设在大佛湾石刻内，构成了监测基准体系，如图5－29、图5－30。监测点的建立，为以后的监测提供基准点，对于大佛湾石刻裂隙的监测，可利用监测点作为工作基点实施监测。具体做法为：定期联测基准点及工作基点，在工作基点的位置架设扫描设备及其他测量仪器定期采集数据，通过两期数据的对比分析得出监测结论。在三维激光扫描数据采集中，监测点还作为控制点使用，使三维扫描数据统一到地方独立坐标系中，使得三维激光扫描数据真正融合到地理空间中，为保护研究工作提供基础。

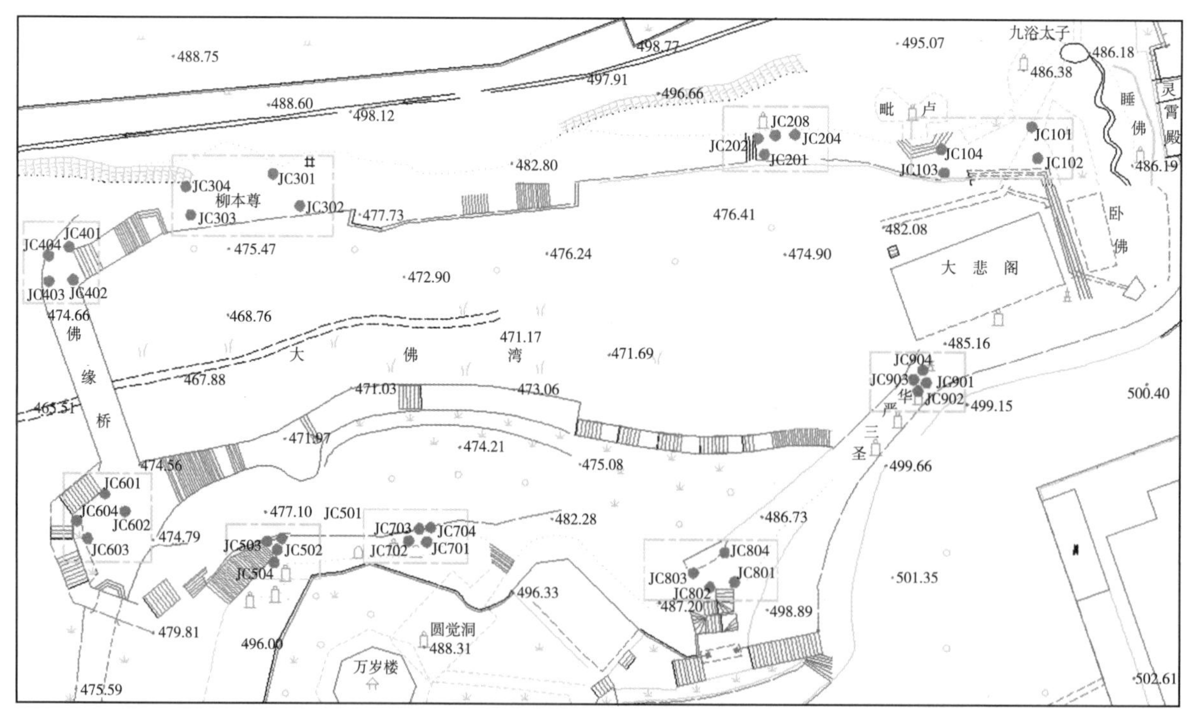

图5－29 监测点位置示意图

图 5－30　监测基准点

岩体裂隙是文物形态监测的重点。采用高精度激光扫描技术，能准确获取明显裂隙的三维信息，然后经过量测分析可以得到裂隙特征间距和裂隙轨迹信息，为科学的文物保护提供依据。

在具体实施过程中，结合彩色影像，判读裂隙目标位置并获取裂隙纹理信息，然后截取对应三维点云制作三维模型进行具体裂隙情况分析，流程图如图 5－31 所示。

通过彩色照片（图 5－32）判读裂隙目标位置，确定监测目标，然后在对应精细三维模型的基础上量取裂隙特征间距，并提取裂隙轨迹线等信息，如图 5－33，其中采用裂纹深泓线作为裂隙轨迹标准，最终得出裂隙长度（表 5－7）。

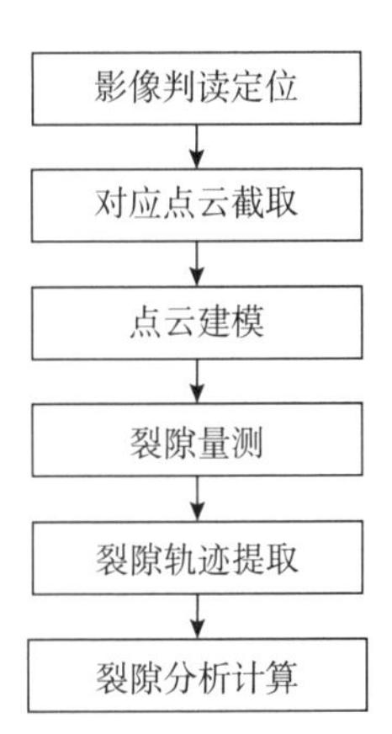

图 5－31　裂隙探测流程图

表 5－7　　裂隙长度计算表

点号	X（m）	Y（m）	Z（m）	距离（m）	累计长度（m）
Pt1	－0.4047	6.0699	－0.8456	0	
Pt2	－0.4065	6.0742	－0.8384	0.0085	0.0085
Pt3	－0.4112	6.0878	－0.8291	0.0171	0.0256
Pt4	－0.4171	6.1010	－0.8191	0.0176	0.0432
Pt5	－0.4212	6.1140	－0.8120	0.0154	0.0586
Pt6	－0.4317	6.1407	－0.8013	0.0306	0.0892
……	……	……	……	……	……
Pt485	－1.1530	5.5388	4.2415	0.0095	6.9993
Pt486	－1.1567	5.5343	4.2448	0.0067	7.0060
裂隙长度累计		7.0060			

图 5 - 32　裂隙彩色影像图

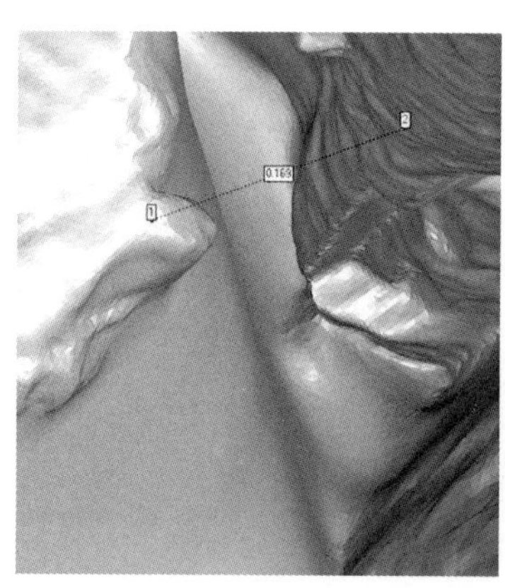

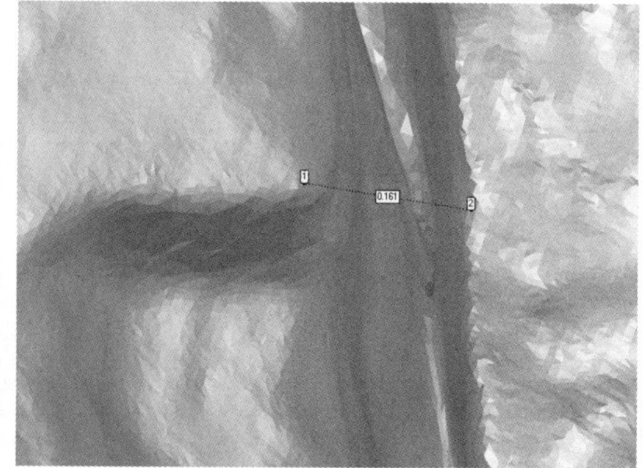

图 5 - 33　裂隙轨迹提取

通过上述的计算分析，可得出裂隙发育的规律，为文物的精细监测提供有利的数据支撑。

F

[1] 樊少荣，周明全，姬利艳．考古文物的数字化过程研究［J］．微机发展．2004，14（12）：21－23.

G

[2] 国际古迹遗址理事会中国国家委员会，中国文物古迹保护准则（第二版），2004.

[3] 耿国华，李小群，周明全．交互式三维空间距离测量［J］．西北大学学报（自然科学版），2000，30（4）：296－299.

[4] Garland，M. Heckbert PS. Surface Simplification using Quadric Error Metrics［C］．ACM SIGGRAPH，1997，209－216.

H

[5] 华忠，鲁东明，潘云鹤．敦煌壁画虚拟复原及演变模拟模型研究［J］．中国图像图形学报，2002，7（2）：181－186

L

[6] 李弘学．佛教诸尊手印［M］．四川：巴蜀书社，2003.

[7] 李鑫．大型三维网格模型的实时绘制与快速简化算法研究［D］．北京：北京大学，2007. 36－43.

M

[8] 马晓泉．地面三维激光扫描技术及其在国内的应用现状［J］．科技信息，2012，29：74－75.

[9] M. Kamakura，T. Oishi，J. Takamatsu，and K. Ikeuchi. Classification of Bayon faces using 3D models. The 11th International Conference on Virtual Systems and Multimedia（VSMM’05），2005.

[10] M. Lu，B. Zheng，J. Takamatsu，K. Nishino，and K. Ikeuchi. 3D shape restoration via matrix recovery. The 10th Asian Conference on Computer Vision Workshop on e－Heritage，Queenstown，New Zealand，2010.

[11] Min Lu；Kamakura，M.；Bo Zheng；Takamatsu，J.；Nishino，K. and Ikeuchi，K. Clustering Bayon Face Towers Using Restored 3D Shape Models，Culture and Computing（Culture Computing），Second International Conference on Digital Object Identifier：10. 1109/Culture－Computing. 2011. 16 Publication Year：2011，Page（s）：39－44

P

[12] 潘荣江．计算机辅助文物复原中的若干问题研究［D］．山东：山东大学，2005.

R

[13] 茹少峰．破碎物体复原技术与计算机辅助文物复原研究［D］．西安：西北大学，2004.

S

[14] 孙霖楠．数字技术之于文物修复的意义研究［J］．博物馆研究．2010，4（1）：52－59.

W

[15] 吴育华，王金华，侯妙乐，等．三维激光扫描技术在岩土文物保护中的应用［J］．文物保护与考古科学，2011，23（4）：102－108.

[16] 王晏民，郭明，王国利，等．利用激光雷达技术制作古建筑正射影像图［J］．北京建筑工程学院学报，2006，22（4）：19－22.

Y

[17] 杨承磊，张宗霞，潘荣江等．计算机辅助文物修复系统构架及关键技术研究［J］．系统仿真学报．2006，18（7）：2003－2006.

[18] 杨丽萍．面向文物的三维信息可视化关键技术研究［D］．北京：首都师范大学，2007. 16－19.

[19] 袁小龙，段新力，毕武等．用轨迹球实现地物化资料三维立体图的旋转［J］．物探化探计算技术，2012，34（5）：622－624.

[20] 杨刚亮．关于“病害调查”的若干思考［C］．北京：中国文物报，2010：4.

Z

[21] 张兵峰．重庆大足石刻大佛湾窟檐岩体抢救性加固保护工程设计．中国文化遗产研究院，2010.

[22] 张亚萍，熊华，姜晓红，等．大型网格模型简化和多分辨率技术综述［J］．计算机辅助设计与图形学学报，2010，22（4）：559－568.

[23] 张亚萍．大型三维网格模型多分辨率构建与绘制［D］．浙江：浙江大学，2010. 9－13.

第6章 数据管理

6.1 石窟寺文物数据的特点

6.1.1 石窟寺文物数据的多源性

在对石窟寺文物进行的三维数字化以及不同时期实施的文物保护工程，都会获取和制作出各种各样的数据。文物勘察数字化工程中采集到三维点云数据、纹理数据，还有经点云数据处理后的三维模型数据、为展示服务的三维彩色模型数据等，为文物保护工程需要制作的正射影像图、平立剖面图、病害图等，以及为保护工程实施而完成的设计图、施工图及环境监测数据等，这些数据是文物信息留存、保护修复的重要基础资料和参考依据。此外，还有各种材料说明、文档报告、视频资料等，不一而足。就文物保护工程而言，不仅有不同时期积累的资料和数据，还有随后持续不断的文物监测及保护数据，这些数据也都需要统一起来进行科学有效的管理。

6.1.2 石窟寺文物数据的海量性

对于体量较大或较为复杂的石窟寺文物，获取的三维数字化数据或保护修复数据极有可能是海量的。例如在重庆大足石刻大佛湾三维数字化工程中，三维扫描的点云数据达到0.7TB，纹理拍摄的数据达到1.6TB，各种用途的模型数据接近3.7TB，该项目获得的数字化数据共计约6TB。再如，大足石刻千手观音造像保护工程至今已开展数年，持续数字化的点云数据、纹理数据、模型、各种图件等数据量达到3TB，而积累的各种保护修复工程资料数据总量已经超过200 TB，数据种类也已达到上百种之多，且随着对千手观音的不断研究和监测，还会有大量的数据补充进来。相应地，海量数据给数据的存储和管理带来了极大的挑战，不同用户如何能够方便地检索、查询、提取所需的数据是急需解决的一个问题（郭明，2011）。

6.1.3 石窟寺文物数据使用者的多层次性

文物数据的获取、存储与管理，最终目的都是为了方便数据用户的使用数据用户，总体上可以划分为三类。

第一类是文物数字化人员。他们既是数据的生产者，又需要得到数据管理的有力支持。前面我们已经了解了文物保护数据的多源性及海量性，也清楚了从三维点云数据到三维模型数据的处理流程及不同阶段所能获得的数据成果。目前，文物数字化工程已基本形成了流水线式的作业方式，作业人员按专业细分，有三维数据采集人员、三维建模人员、制图人员、数据展示人员等。这样不同专业的人员要明确自己的工作内容和要求，必须对数据有整体的全面的了解，不仅能够查找到自己所需要的数据，而且还要知道工作任务完成后数据存放的位置。这必然要求数据存储模式为所有参与人员所熟悉，能够让不同人员按需提取，按规存放。

第二类是文物保护人员及科学艺术研究人员。文物三维数字化成果是文物保护工程设计与施工的基础资料和依据。例如文物本体病害调查图、平立剖面图及各种面积和体积量算图等，都必须依赖精度较高的三维数据来制作。文物保护工程人员在应用这些数据的时候，如果每次都需要借助数字化工作人员，显然不现实。此外，还有考古、美术、摄影等科学艺术人员，不方便在现场近距离观摩研究文物本体时，在计算机上进行多角度研究是一个不错的选择。不论是相关的文物保护人员还是科学艺术研究人员，也需要能够高效地了解并查询到相应的文物数字化信息。通过构建文物数据管理系统，可以使这部分人员方便使用这些数据，最大限度地发挥数据的价值。

第三类是对文物感兴趣的大众。随着新技术的不断出现和应用，面向大众的数字博物馆建设得到长足的发展，甚至智慧博物馆也从概念逐步变成了现实（陈刚，2013）。数字博物馆以数字化、网络化、虚拟化为特征，将文物数字化，极大地增强了博物馆展示的表现能力和交互能力，拓展了博物馆展示的时间和空间。智慧博物馆以此为基础，通过物联网、云计算及大数据等技术提供网络环境下的移动访问，进一步促进博物馆及其行为和环境的智能化（陈刚，2013）。在这一信息化的过程中，人们能够不受环境的限制与博物馆文物发生关联。这些数字化的文物是数字博物馆或智慧博物馆的基础，其存储和管理更是必不可少的环节。石窟寺相对于文物数量较多而体量不大的一般博物馆而言，其特点是文物数量可能不多，但个体文物的体量一般都很大。因此，石窟寺文物数据的管理有其自身的特点和要求。

6.2 石窟寺文物数据管理的现状分析

石窟寺文物数据管理的重点与难点在于文物本体三维数据的管理，特别是海量三维点云和三维模型的数据存储与管理，该领域也是当前国内外学术界研究的热点问题之一。在实际应用过程中，存储方式基本上分为三种，即文件存储、数据库存储及数据库文件相混合的管理方式（郭明，2011）。文件管理方式是将所有点云或模型数据以文件的形式存储到磁盘，随后对数据的查询都从文件目录里直接来完成；文件和关系数据库混合方式，是将部分数据特别是大数据量的几何数据按文件目录形式进行存储，而其他一些较为分散的数据和属性数据采用数据库的方式进行存储和管理；数据库管理方式是几何数据和属性数据都采用数据库来管理，但目前这种方式受到理论和技术的众多限制，实现起来尚有不少困难，还没看到真正商品化的产品。

目前，商用的三维数据采集与处理软件大多采用文件管理的方式。例如三维建模软件 geomagic studio、realworks、cyclone 等商用软件一般是基于内存的数据管理方式，也具有较高的数据检索效率，但其内部数据结构不清楚。该方法的缺点是无法将三维点云数据或三维模型数据与其所对应的属性信息关联起来。

运用数据库技术来管理海量的三维点云数据，一方面需要对三维点云数据进行良好的模型组织和高效的技术索引；另一方面还需要商用数据库产品自身的数据管理模块的支持。数据模型主要研究数据组织、操作方法以及规则约束条件等，为数据组织描述和数据库设计提供基本方法（李清泉等，2003）。数据模型的分类有多种，一般从构模方法上来说，可以分为面元模型、体元模型、混合模型和集成模型等几类。不同的数据模型所表达的重点不一样，有的偏重于拓扑分析，有的偏重于可视化，有的偏重于模型重建，目前还没有一种综合的数据模型能够完整地抽象与表达现实世界中的各种对象（郭明，2011）。

三维空间数据库必须有三维数据索引的支持。空间数据库的索引方法有 R 树索引、四叉树索引、八叉树索引、KD 树、B 树、KDB 树及网格索引等（郑坤等，2006）。目前的三维空间索引大多是从二维空间索引的基础上发展而来的，但应用实践显示，仅仅简单地将二维空间索引维数增加到三维，其效率并不高，且大量空间索引结构都是针对特定空间查询操作而设计的，不具有通用性。因此，很多学者提出改进方案或者重组各种索引技术的方法。例如朱庆等人发明了一种顾及多细节层次的三维 R 树空间索引方法（朱庆等，2011）。为了高效管理海量点云数据，赖祖龙等提出一种基于 Hilbert 码与 R 树的二级索引方法，有效提高了海量点云的管理效率（赖祖龙等，2009）。选取何种索引机制作为空间数据库的索引，要根据实际情况和应用需要来确定。目前，相关平台的软件系统采用多种索引机制并存、取长补短的策略，但还没有一种方法明显优于其他方法，且三维空间索引技术还存在很多问题，有待进一步改进（郭明，2011）。

商用的数据库管理产品通常需要在数据库管理系统上加入一层所谓暗盒、数据刀片等插件来实现空间数据的存储和管理，例如 Oracle 公司的空间数据库接口 Oracle Spatial，IBM 的空间数据存储模块 DB2 Spatial Extender 等。但这种管理方式结构较复杂，效率不高，而且不便于扩展。以 Oracle 从 11g 版本中推出的 Oracle Spatial 11g 为例，虽然它也支持点云数据类型和三角网数据类型，但海量点云数据导致数据库表存储量过大，致使查询效率降低，严重影响了数据库应该有的优势。

文件和关系数据库混合方式，对于以三维点云和模型数据为主体的管理对象而言，是当前数据管理常采用的方式。将点云数据和模型数据以文件形式存储，克服了数据入库及查询等方面技术有待成熟及效率低下的问题；将属性数据和其他相关数据以数据库存储的方式并结合开发的数据管理系统进行管理，屏蔽了数据存储不统一的问题，且便于用户查询检索。例如，宋红霞等介绍了文件与关系数据库相结合管理三维点云数据的问题，并初步探讨了针对大足石刻千手观音造像保护工程中的海量点云数据的管理方法，但该方法仅仅针对文物本体的海量点云数据，而对于其属性数据和其他方面的数据管理则尚未涉及（宋红霞等，2013）。

6.3 石窟寺文物数据的文件与数据库混合管理

6.3.1 文件与数据库管理的总体思路

针对石窟寺文物三维数字化数据，采用文件与数据库混合模式进行管理。以文件目录形式存储的对象包括原始点云数据、高分辨率纹理数据、经过处理的点云模型数据、模型数据等。数据库存储各种属性数据、文件目录、相互之间的关系等内容。在文件存储与数据库存储的基础上，通过开发数据

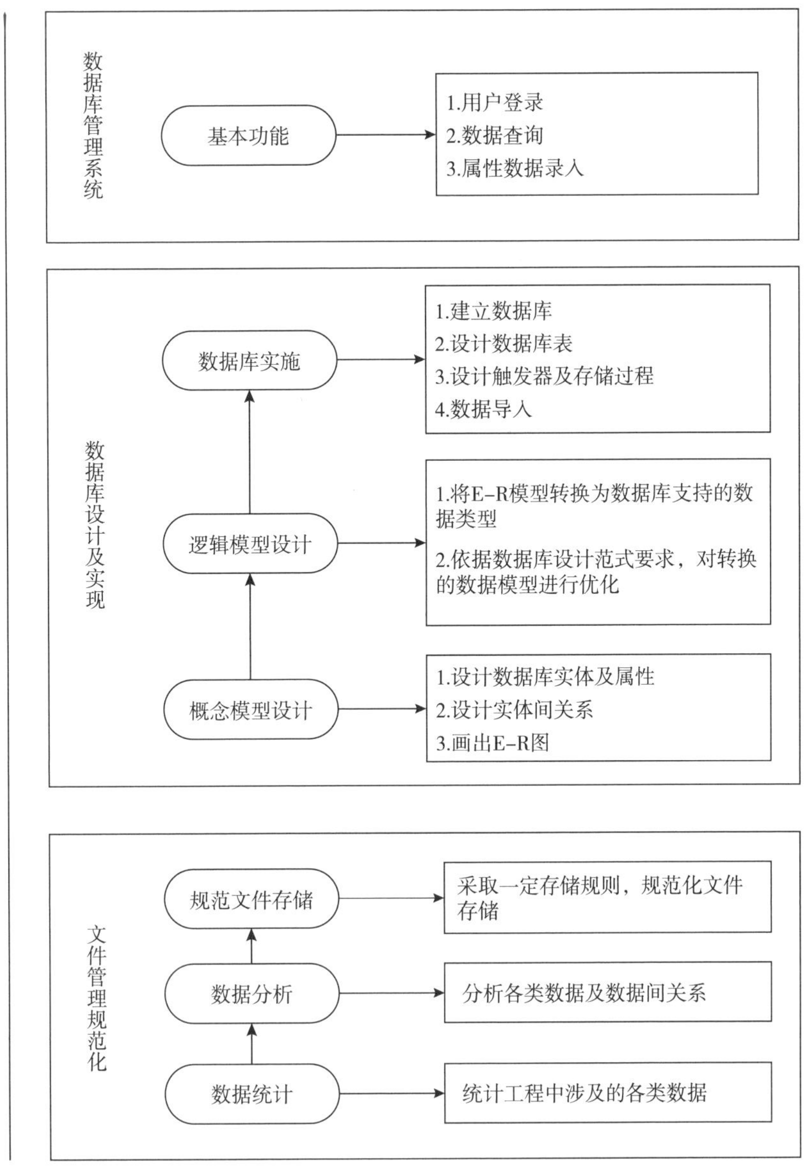

图6－1　石窟寺文物数字化数据管理的总体思路

管理系统进行统一管理和查询。石窟寺文物三维数字化数据管理的总体思路如图6－1。

6.3.2　点云与模型数据的文件存储

在石窟寺文物数字化过程中，由于文物分布范围较大，数据采集时往往需要对文物进行分区采集，有时还需要对特别精美的重要文物进行单独采集。为了将这些数据有序存储，有必要将三维数字化的文物分为整体、区域、对象来分类分层进行，文物三维数字化数据存储目录也相应地分类分层，其存储目录层次如图6－2。

具体在大足石刻大佛湾石刻数字化项目中，除了控制测量数据、纹理数据、点云数据这些原始数据之外，还根据工程的需要制作了白模图、彩色正射影像图和CAD图，所以大佛湾工程的文件管理结构如图6－3。

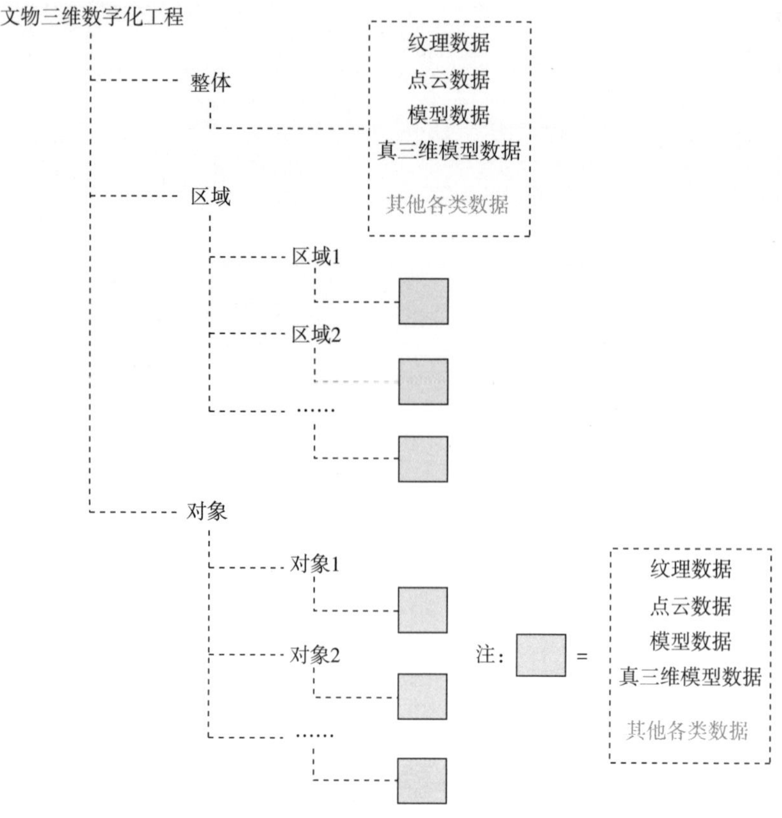

图 6－2　点云与模型数据存储的文件目录层次结构示意图

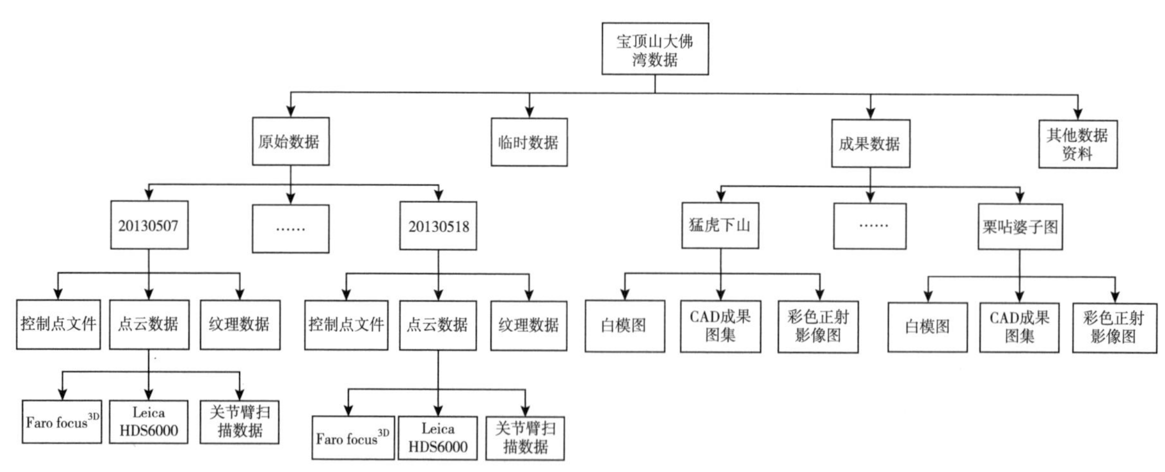

图 6－3　大足石刻大佛湾石刻数据文件目录层次结构示意图

6.3.3　数据库管理概念模型

文件管理模式下只能在目录结构中进行查询，如不熟悉文件目录结构，无法快速地查询到相应的数据。为了满足各类查询需求，需要将存储在文件目录下的各类数据的属性及数据之间的各种关系存入数据库。设计的点云数据、模型数据、纹理数据、真三维模型数据、正射影像图、数字线划图、剖面图、等值线图等各类实体之间关系如图 6－4 所示。

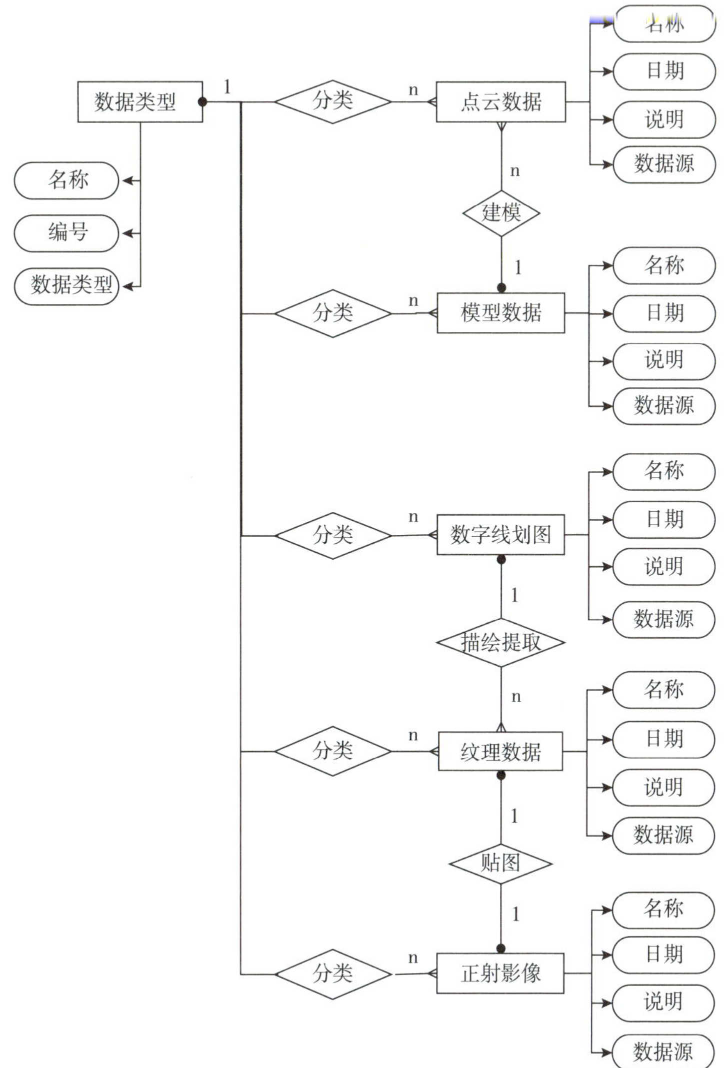

图 6－4　数据类型实体关系模型

6.3.4　数据库管理逻辑模型

实体关系中，有一对一、一对多和多对多的关系。对于一对一的关系，在其中一个实体表中设置外键，如模型数据和真三维模型关系中，可在真三维模型数据表中设置模型数据编号外键，实现两者一对一的关系；多对一的关系，在前者表中设置外键，如纹理数据与真三维模型数据是多对一的关系，在纹理数据表中设置真三维模式数据编号外键，以此实现两者多对一的关系。如此，可将上述实体及关系在数据库表中实现。设计各数据表和数据模式，将表的字段表示为数据库支持的数据类型。对于多对多的关系，设计中间表，形成两对多对一的关系，如区域与对象是多对多的关系，数据库表设计中添加区域—对象关系表，实现区域与对象多对多的关系。数据库实现的 E－R 图如图 6－5 所示。

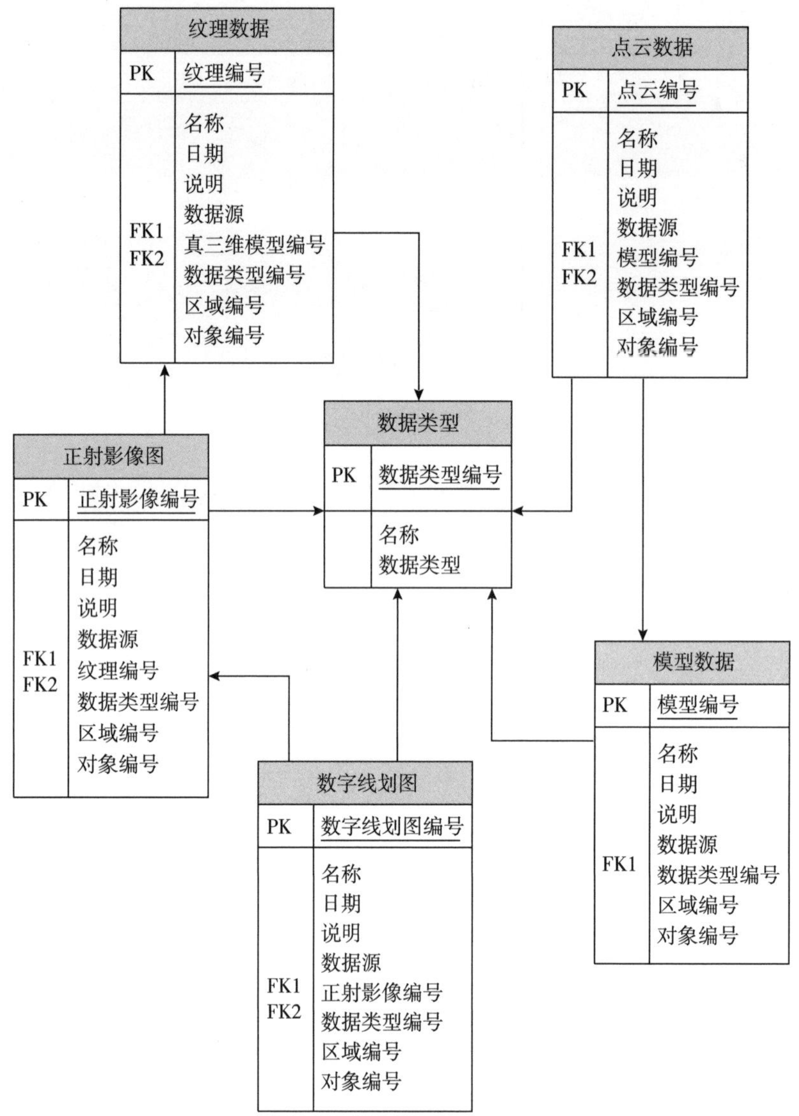

图 6－5 数据库设计 E－R 图

6.4 石窟寺文物数据库管理系统

针对大足石刻大佛湾石刻三维数字化数据管理，开发了文件与数据库相结合的数据管理系统。开发平台为 VS2010，采用 C/S 结构，使用 C#语言和 SQL Server 数据库。设计了文件数据库管理系统，进行了数据管理系统主界面设计、文件数据库入库设计、数据查询系统设计，如图 6－6、图 6－7、图 6－8 所示。

图6－6　数据库管理系统界面设计

图6－7　数据库管理系统入库界面设计

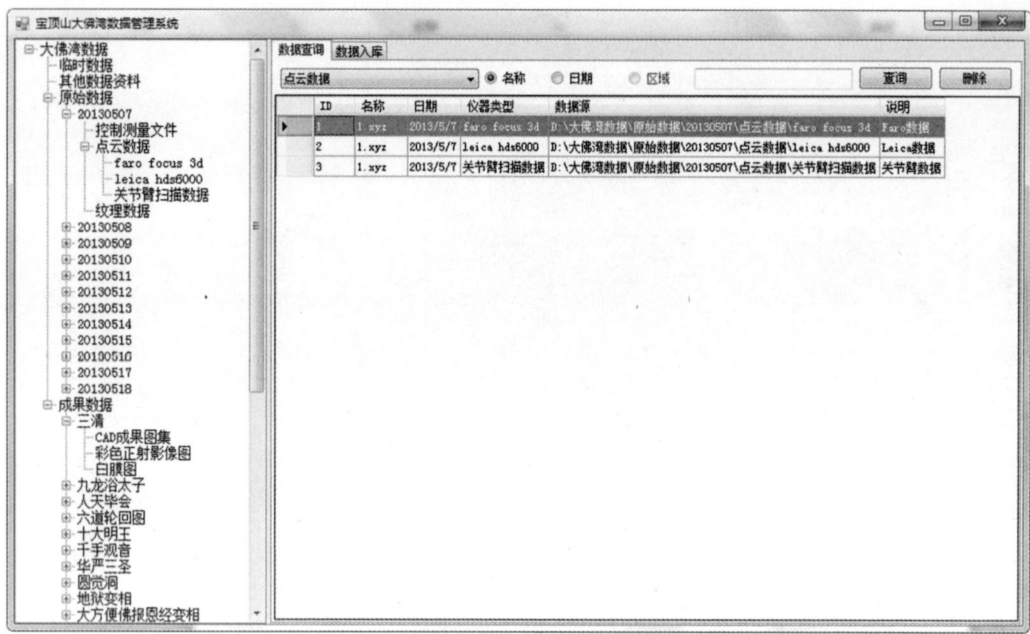

图 6－8　数据库管理系统查询界面设计

C

[1]　陈刚．智慧博物馆——数字博物馆发展新趋势［J］．中国博物馆，2013.4：2－8.

G

[2]　郭明．海量精细空间数据管理技术研究［D］．武汉：武汉大学，2011.

L

[3]　赖祖龙，万幼川等．基于 Hilbert 排列码与 R 树的海量 LIDAR 点云索引［J］．测绘科学．2009，6：128－130.

[4]　李清泉，杨必胜，史文中等．三维空间数据的实时获取、建模与可视化［M］．武汉：武汉大学出版社，2003.

S

[5]　宋红霞，侯妙乐，胡云岗．文物保护中海量点云数据库设计与开发［J］．城市勘测，2014，01：89－93.

W

[6]　王珊，萨师煊．数据库系统概论（第 4 版）［M］．北京：高等教育出版社，2006.

Z

[7]　郑坤，朱良峰，吴信才等．3D GIS 空间索引技术研究［J］．地理与地理信息科学［J］．2006，22（4）：35－39.

[8]　朱庆，龚俊，张叶廷等．发明专利名称：顾及多细节层次的三维 R 树空间索引方法．2011.

图　版

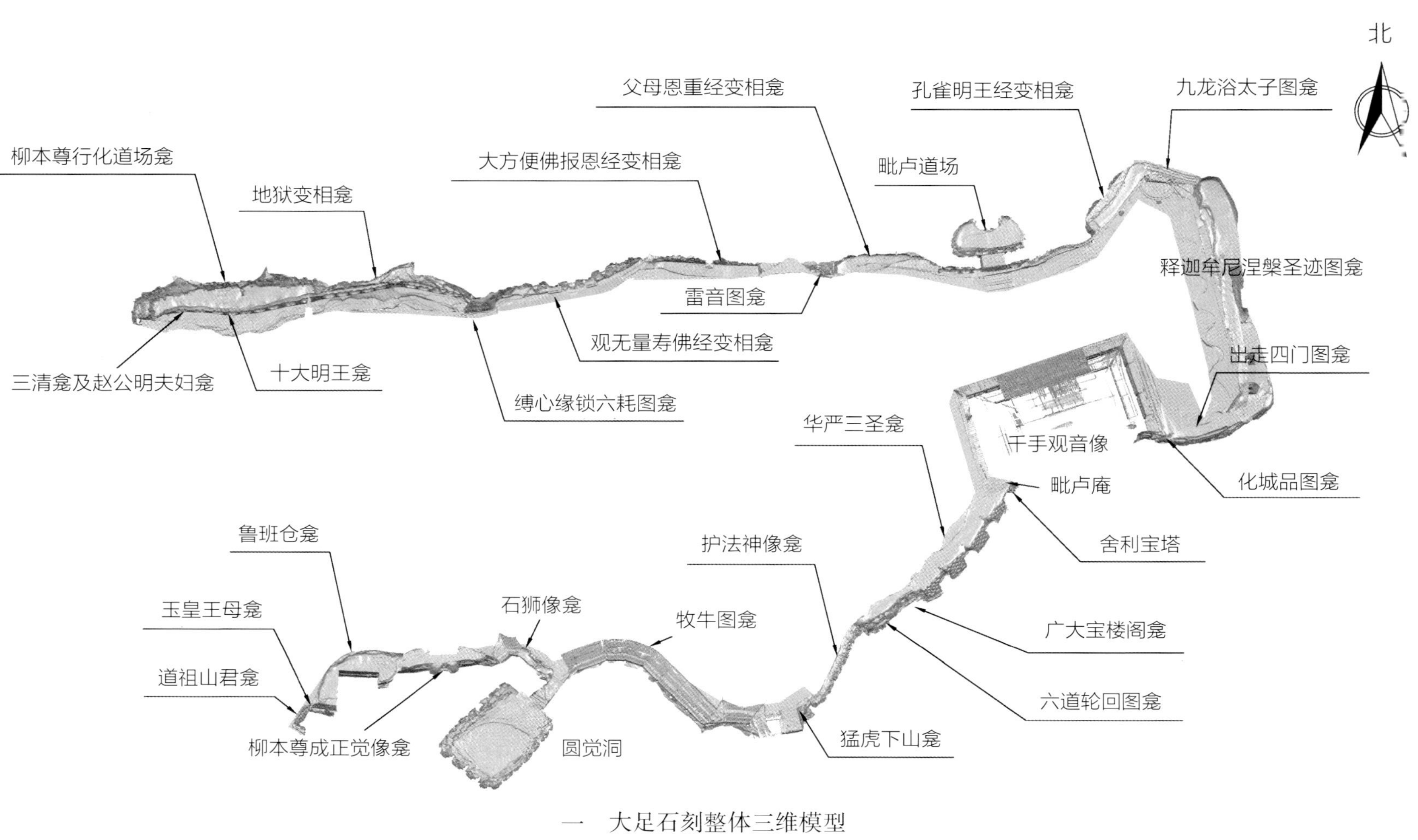

一　大足石刻整体三维模型

二　华严三圣龛可见光照片

三　华严三圣龛点云模型

四　华严三圣龛三维模型

五　华严三圣龛正射影像图

六　千手观音三维模型

七　千手观音正射影像图

八　释迦牟尼涅槃圣迹图龛三维模型

九　释迦牟尼涅槃圣迹图龛正射影像图

一〇　九龙浴太子图龛三维模型

一一　九龙浴太子图龛正射影像图

一二　孔雀明王经变相龛三维模型

一三　孔雀明王经变相龛正射影像图

一八　大方便佛报恩经变相龛三维点云模型

0　2.5m

一九　大方便佛报恩经变相龛三维模型

0　2.5m

二〇 大方便佛报恩经变相龛正射影像图

二一　观无量寿佛经变相龛三维模型

二二　观无量寿佛经变相龛正射影像图

0 2.5m

二三 地狱变相龛三维模型

0 2.5m

二四 地狱变相龛正射影像图

0 2.5m

二五　柳本尊行化道场龛、十大明王龛、三清龛及赵公明夫妇三维模型

0 2.5m

二六　柳本尊行化道场龛、十大明王龛、三清龛及赵公明夫妇正射影像图

二七　柳本尊成正觉像龛三维模型

二八　柳本尊成正觉像龛正射影像图

二九　广大宝楼阁龛三维模型

三〇　广大宝楼阁龛正射影像图

三一　六道轮回图龛三维模型

三二　六道轮回图龛正射影像图

三三　护法神像龛三维模型

三四　护法神像龛正射影像图

三五　牧牛图龛三维模型

三六　牧牛图龛正射影像图

三七　圆觉洞整体模型

三八　圆觉洞彩色模型（局部）

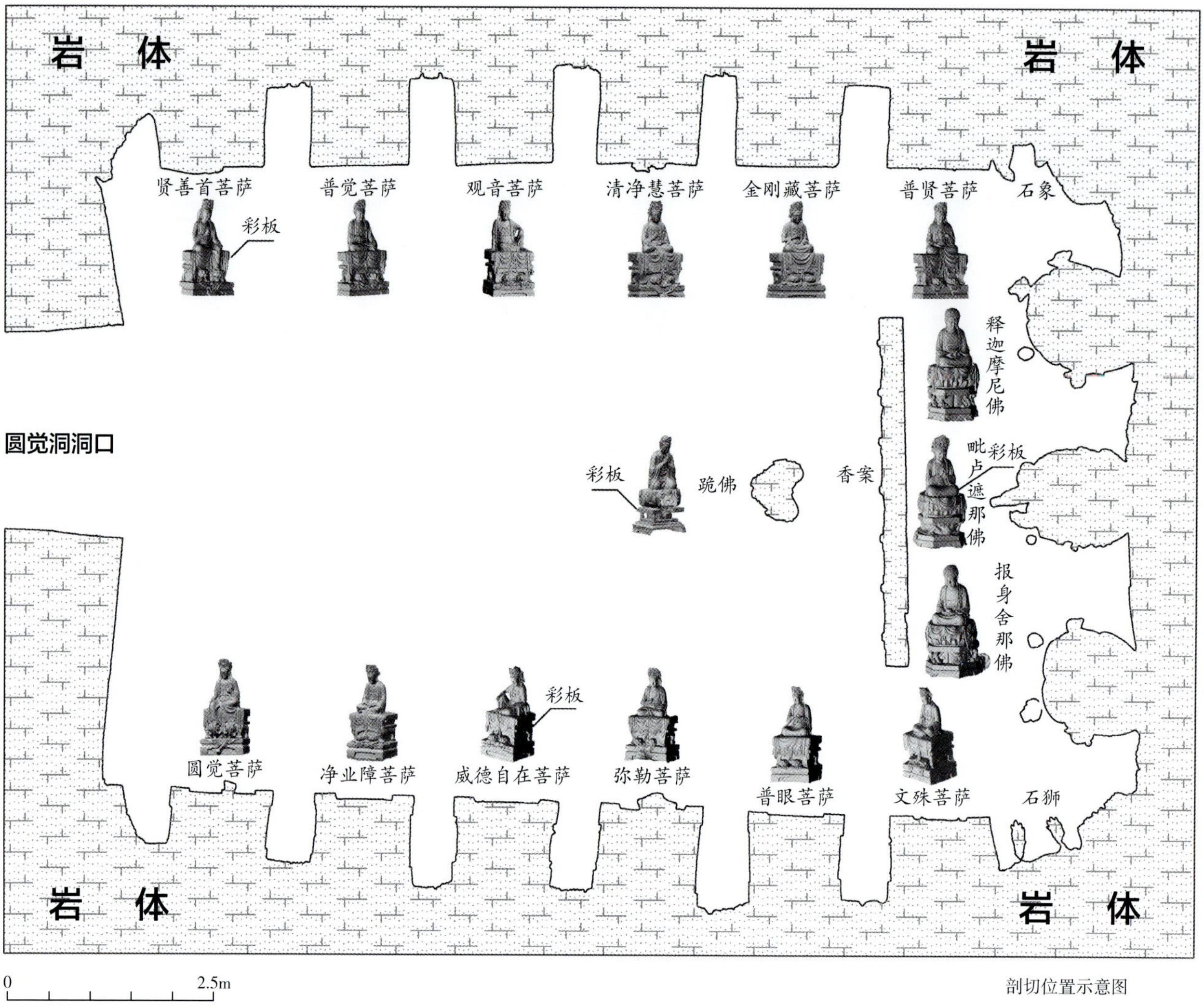

岩体　岩体

贤善首菩萨　普觉菩萨　观音菩萨　清净慧菩萨　金刚藏菩萨　普贤菩萨　石象

彩板

释迦摩尼佛

圆觉洞洞口

彩板　跪佛　香案

毗卢遮那佛　彩板

报身舍那佛

彩板

圆觉菩萨　净业障菩萨　威德自在菩萨　弥勒菩萨　普眼菩萨　文殊菩萨　石狮

岩体　岩体

0　2.5m

剖切位置示意图

三九　圆觉洞剖面图

四〇　圆觉洞三维模型（透视）

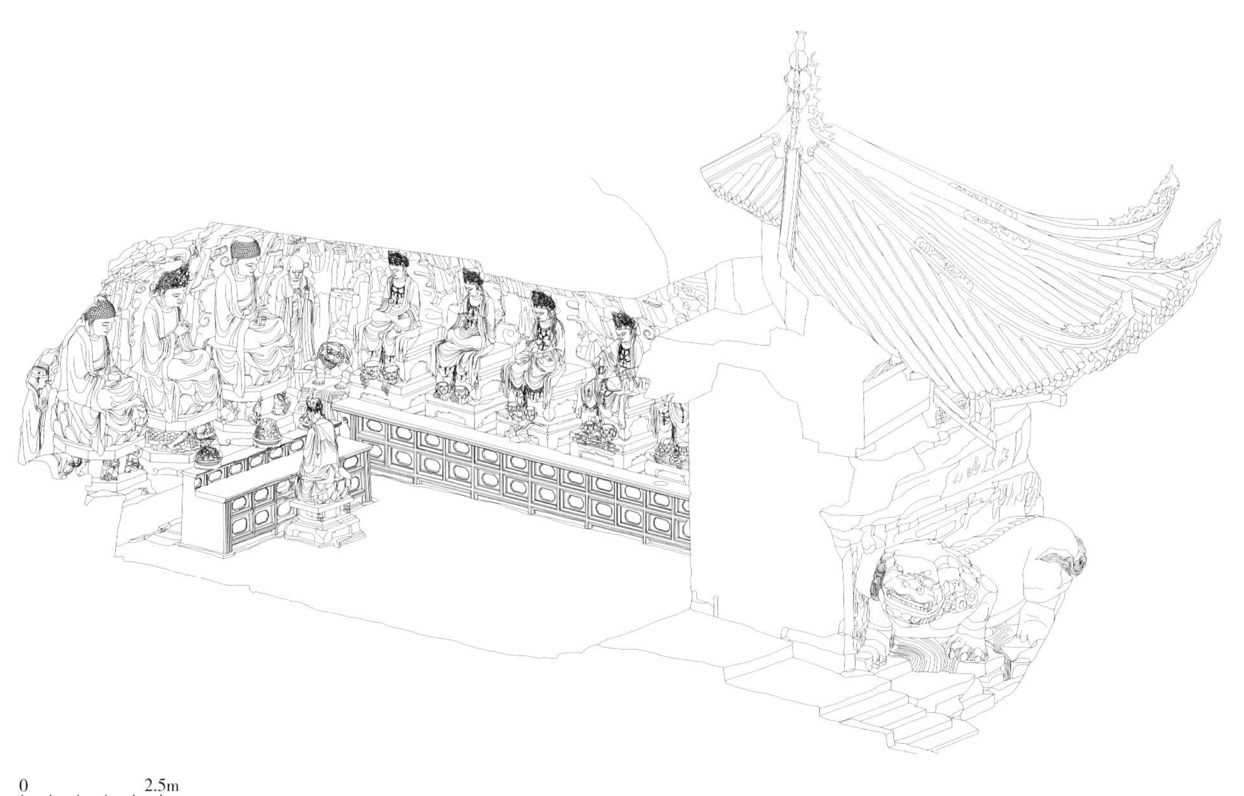

四一　圆觉洞线划图（透视）

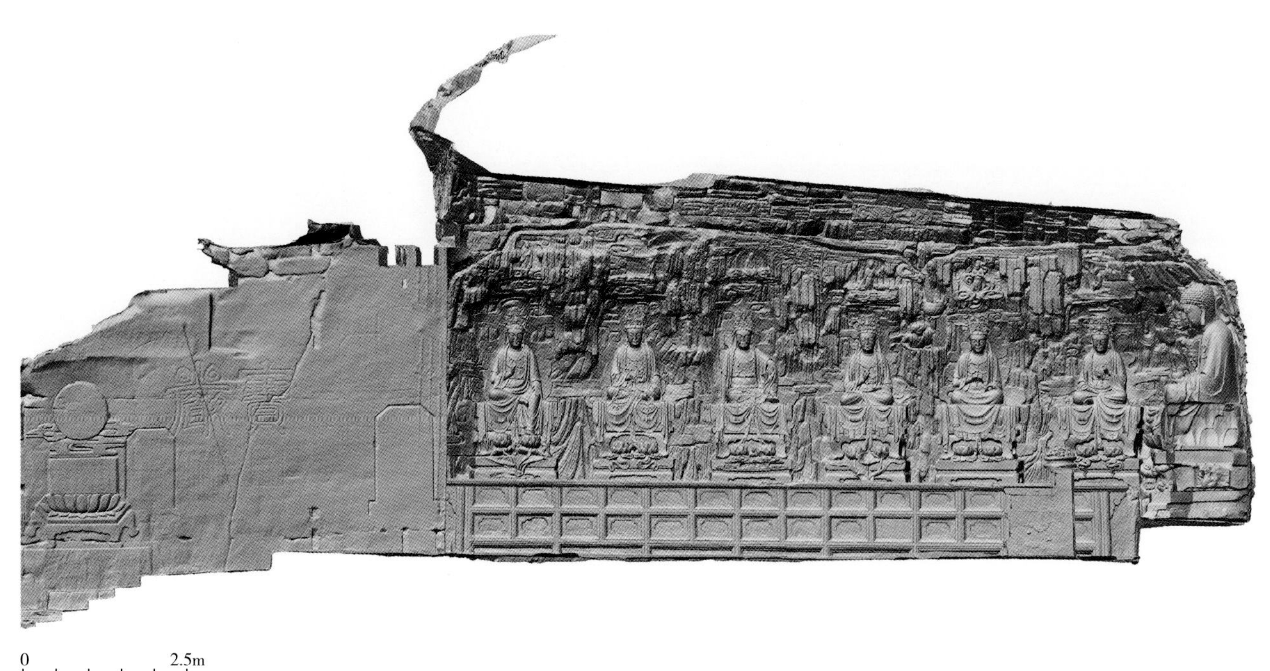

四二　圆觉洞东侧三维模型

四三　圆觉洞纵剖东视线划图

四四　圆觉洞东侧正射影像图

四五　圆觉洞贤善首菩萨三维模型

四六　圆觉洞贤善首菩萨线划图

四七　圆觉洞贤善首菩萨正射影像图

四八　圆觉洞南侧三维模型

四九　圆觉洞横剖南视线划图

0 2.5m

五〇　圆觉洞南侧正射影像图

五一　圆觉洞毗卢遮那佛三维模型

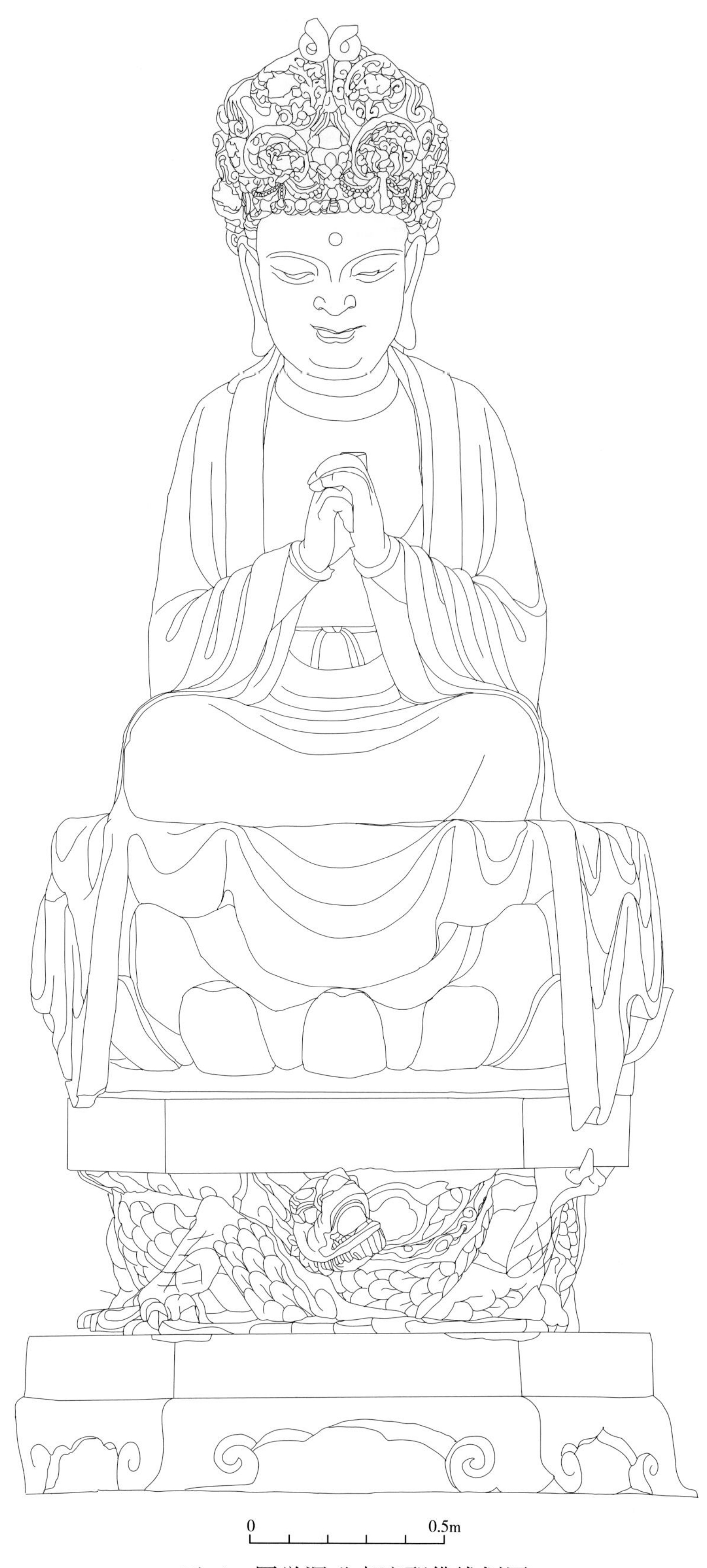

五二　圆觉洞毗卢遮那佛线划图

五三　圆觉洞毗卢遮那佛正射影像图

五四　圆觉洞西侧三维模型

五五　圆觉洞纵剖西视线划图

五六　圆觉洞西侧正射影像图

五七　圆觉洞威德自在菩萨三维模型

五八　圆觉洞威德自在菩萨线划图

五九　圆觉洞威德自在菩萨正射影像图

1. 正视三维模型　2. 背视三维模型

3. 右视三维模型　4. 左视三维模型

六〇　圆觉洞跪佛三维模型

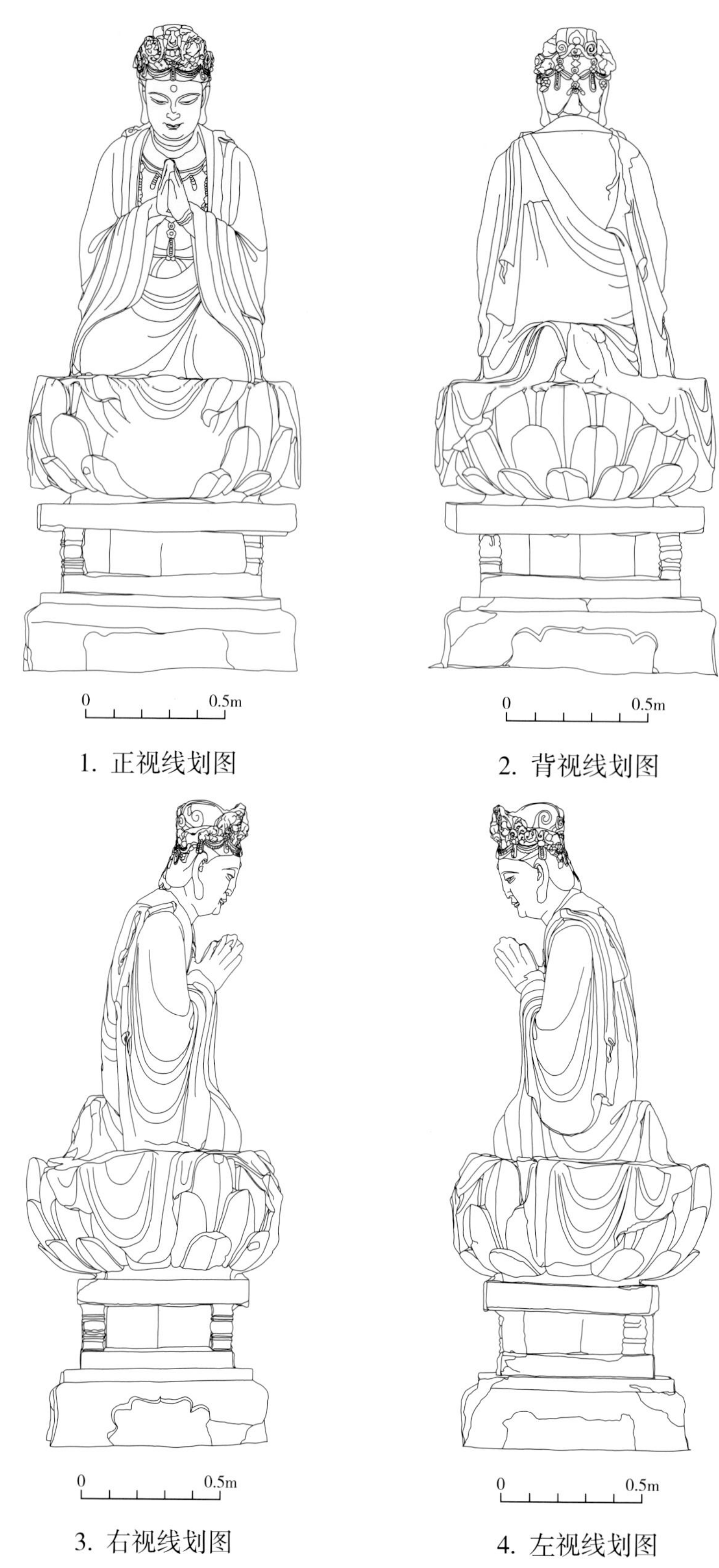

1. 正视线划图

2. 背视线划图

3. 右视线划图

4. 左视线划图

六一　圆觉洞跪佛线划图

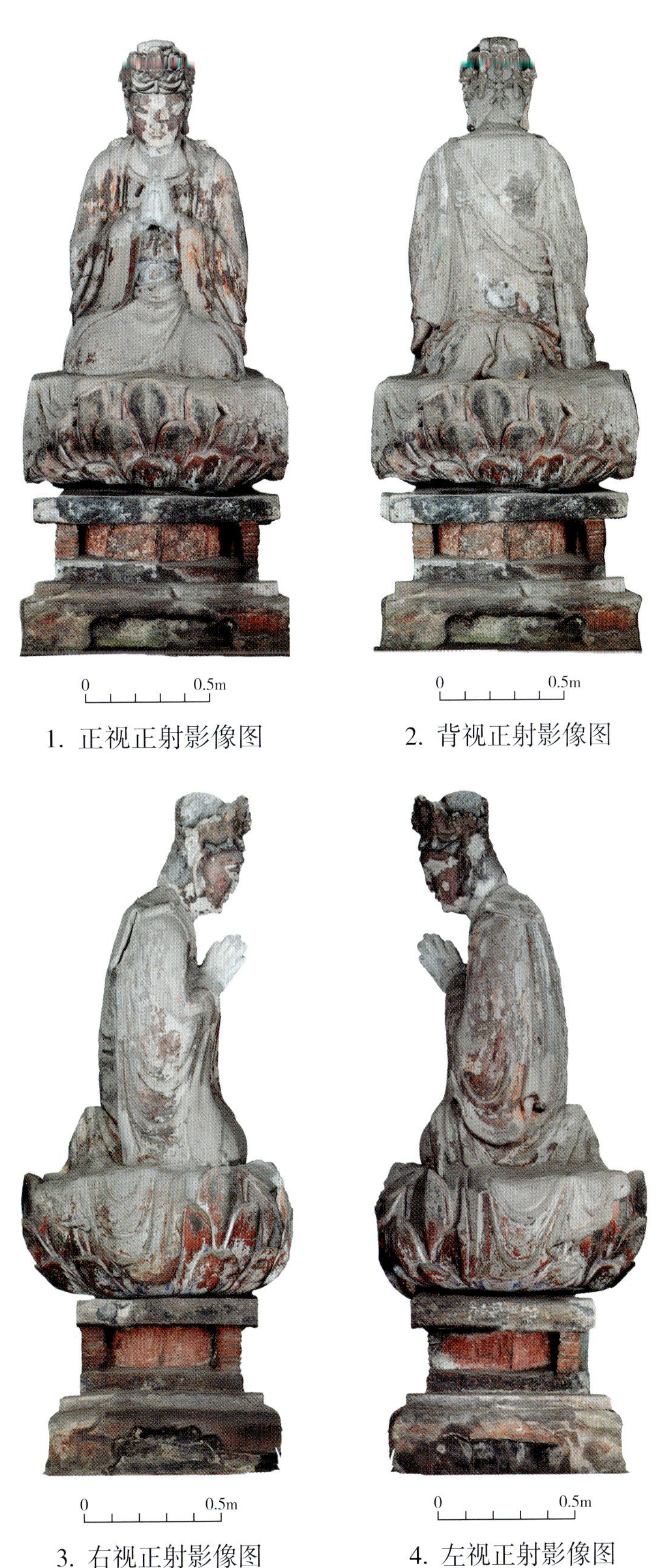

1. 正视正射影像图　2. 背视正射影像图

3. 右视正射影像图　4. 左视正射影像图

六二　圆觉洞跪佛正射影像图

六三　圆觉洞观音菩萨等值线图

后　记

2006年夏，博士毕业之际，一次或许偶然的机会，使我从测绘行业步入了文物保护行业，一转眼已逾十年。将现代高新测绘与信息技术应用于文物保护，成为我孜孜不倦的奋斗目标。测绘传统多聚焦于有形的“物”，对于无形的“文”的理解往往有所欠缺，这样，再高精的测绘技术也可能只是体现出文物的形貌而非神韵。为此，我恶补文物知识，并积极参与诸多一线文物保护工程实践。长期的坚持让我终有所获，本书即是我与合作团队在测绘新技术与文物保护应用结合工作中的一点心得。

三维激光扫描无疑是目前测绘信息领域最炙手可热的一项高新技术，在许多行业得到了广泛应用。文物三维扫描成为其中最重要的方向之一，高精度、高效率、高安全性等特点促使其在文物保护中的应用愈加深入。然而，正如千里马离不开伯乐，三维扫描技术优势作用的发挥关键还在于人，即需要三维技术人员与文物保护工作者之间的良好沟通与共同进步。这也促使我鼓起勇气写点东西，期望能给相关同仁搭设桥梁、提供参考。

本书得以顺利出版，离不开相关领导与同仁的大力支持。特别感谢国家文物局刘曙光副局长，一直支持鼓励我从事文物测绘方面的创新研究；感谢詹长法研究员在千手观音等重点文物保护工程应用中的指引；感谢黄克忠研究员、马家郁研究员、胡锤研究员、刘建国研究员、汪祖进研究员、王立平研究员、侯妙乐教授等老师在文物保护应用中的指导；感谢大足石刻研究院黎方银院长、蒋思维副院长、陈小平副馆长、陈卉丽主任、燕学峰主任、赵岗主任等大足同仁在大足石刻工作中的支持。

三维技术在不断地推陈出新，而作者能力与水平有限，书中不足之处，请读者和方家不吝赐教。

吴育华

2017年3月于北京